상속은 처음입니다

증여에서 유언까지
변호사가 52가지 사례로 알려주는

만화
상속은
처음입니다

강병훈 지음
도영태 그림

비전코리아

머리말

최근 상속관련 이슈가 연이어 터지면서 이에 대한 일반인들의 관심이 한층 높아지고 있다.

가수 구하라 씨의 사망으로 양육의무를 다하지 않은 부모의 상속이 정당한지가 문제 되었고 이는 '구하라법'이라는 이름으로 법개정까지 추진되고 있다. 박원순 시장의 가족들은 상속포기와 한정승인을 하였는데, 상속재산보다 채무가 더 많은 경우 구제 방법이 화제가 되었다. 이건희 회장 사망 이후 천문학적인 상속세가 부과되면서 상속과 관련한 세금도 중요한 사회적 이슈로 등장하였다.

상속에 대한 관심이나 법적 분쟁은 앞으로 더 증가할 것으로 생각된다. 특히 가족간의 유대가 약해지면서 이전에는 차마 법으로 하지 않던 상속문제를 법으로 해결하는 경향이 점점 강해

질 것으로 예상된다. 상속재산분할, 유류분청구 소송이 점점 증가하는 것도 이러한 세태를 반영하는 것으로 보인다. 따라서 상속에 대해 제대로 아는 것이 자신의 권리를 지키는 방법이자 장래에 발생할 분쟁을 사전에 예방하는 길일 것이다.

20년 넘게 변호사로 일하면서 수많은 법을 다루고 있지만, 상속법과의 인연은 특별하다. 변호사가 된 후 대부분을 대한법률구조공단에서 일하면서 서민들의 법률상담과 소송을 도와주었는데, 가장 많은 소송이 바로 상속사건이었다.

또한 대학교 및 공공기관 등에서 많은 법률강의를 하였는데, 청강생들이 가장 관심 있어 하고 재미있어 하는 법 역시 상속법이었다.

몇년 전, 내가 사는 분당 지역에 '법률사무소 강변'이라는 사무실을 개업 하였는데 지역주민들의 상속에 대한 문의와 상담이 끊이지 않고 있다.

10년 전부터 로스쿨에서 겸임교수를 맡으면서 하게 된 민사법과 가족법 강의는 상속법 이론과 판례를 보다 깊이 있게 연구하는 기회가 되었고, 상속법 책을 써보고 싶다는 소망을 가지게 하였다. 어떻게 하면 상속법을 보다 쉽고 재미있게 전달할 수 있을

지 고민했다.

그러다가 지인 도영태 소장님을 만나 대화를 하던 중 그가 만화에 재능이 있다는 사실을 알게 되었다. 그동안 일타 강사인줄만 알았는데 만화까지 그리실 줄이야. 둘이 의기투합하여 꼬박 1년의 공동 작업 끝에 이 책을 세상에 내놓게 되었다.

이 책은 만화와 더불어 가볍게 읽어 내려갈 수 있지만 내용적으로는 상속의 꽤 깊이 있는 부분까지 다루고 있다. 상속 관련 중요한 대부분의 판례를 사례로 만들었기 때문에 일반인뿐 아니라 전문가들의 실무에도 도움이 될 것으로 기대한다.

책이 나오기까지 수고해 주신 모든 분들께 감사드리며, 특별히 가족들과 지금껏 사랑으로 키워주신 부모님께 이 책을 바친다.

저자 강병훈

상속에 대해서는 까막눈이었다. 없는 형편에 낳아주고 길러주신 부모님 은혜만으로도 감지덕지해야 할 판이었고, 물려받을 재산도 분쟁이 일어날 만큼 많지 않을뿐더러 있다 하더라도 부모님이 남기신 적극재산은 당신들이 고생한 만큼 다 쓰고 가시는 게 맞다 생각되어 나에게 상속법만큼은 치외법권과도 같았기 때문이다.

하지만 상속이나 유산에 관한 지식이 일상의 관심사로 떠오르는 현실에 서서히 놀랐고, 가수 구하라 씨의 사망으로 인한 일명 '구하라법'이 세상의 주목을 받기 시작하고 끊이지 않고 등장하는 재벌 총수 일가의 상속 분쟁 등을 보면서 관심 반, 흥미 반인 상속 관련 공감대가 내게도 싹트기 시작했다.

호기심이 무르익을 무렵 상속법을 연구하고 상담하는 변호사 지인을 만났다. '코로나19'로 인해 이전의 바빴던 강의가 직격탄을 맞아 예전의 몇 분의 몇 토막까지 줄어들어 취미인 만화를 줄기차게 그리고 있었던 시기였다. 변호사님이 상속 관련 책을 쓴다는 말에 내 입에서 먼저 만화책으로 기획하여 출간하자는 제의가 튀어나왔고, 그 이후로 변호사님과의 협업, 출판까지의 과정이 일사천리로 진행되었다.

상속은 이제 하는 사람이나 받는 사람이나 제대로 알아야 효과적으로 미래를 대응할 수 있는 재테크의 수단과도 같이 되었다. 관련 법을 잘 알고 미리 준비하여 실천해야만 몇 십년 간 쌓아 온 부자(또는 모자)간의 정, 가족애, 형제애 등이 훼손되지 않는다.

또한 상속은 인생에서 중요한 것들 중 하나이기도 하다. 요즘 부모들은 자식들에게 미리 모든 유산을 물려주면 더이상 나올 게 없어 홀대당하고, 물려주지 않으면 주지 않는다고 구박당하니 상속 유산은 줄 듯 말 듯 하며 죽을 때까지 줄다리기를 해야한다 하고, 반면 자식들은 부모의 상속분을 조금이라도 더 받기 위해 평소에 효도의 실천 수위를 조절해야 한다고 하지 않던가?

그동안 상속법을 전문 법조인의 영역이라 생각하고 진입장벽이 커서, 법전을 읽는 것이 너무 어려워서, 경우의 수가 생각보다 적다고 생각해서 마음은 있어도 깊게 들여다보지 못했다면 이 책《상속은 처음입니다》하나로 모든 것을 해갈 할 수 있으리라 자부한다.

   더불어 이 책을 통해서 원만한 상속이 이루어지고, 나아가 법 이전에 우리 사회가 보다 건전한 상속문화 창출을 지속할 수 있기를 바라 마지 않는다.

   끝으로, 책이 나오기까지 수고로움을 함께한 모든 분들과 나의 가족에게 감사드리며 궁극적으로 재산보다 더 값진 많은 것을 미리 상속해 주신 고마운 어머니께 이 책을 바친다.

저자 도영태

목차

머리말　4
상속 전에 꼭 알고 있어야 할 법률용어　14

1장　상속에 대해 알아봅시다

1. 가계도에 따른 상속순위　20
2. 직계비속과 직계존속의 상속　26
3. 탈북자도 상속 받을 수 있나요?　30
4. 제사용 재산은 누가 상속받나요?　36
5. 상속, 어디까지 받을 수 있나요?　40

2장　누구에게 상속되나요?

6. 누가 얼마씩 상속받나요?　46
7. 직계비속의 대습상속이 가능한가요?　50
8. 양자도 상속 받을 수 있나요?　56
9. 양육 의무를 다하지 않은 부모도 상속 받을 수 있나요?　60
10. 배우자 상속분이 너무 적지 않은가요?　64
11. 별거 중인 부부는 배우자 사망 후 상속을 받을 수 있을까요?　70
12. 낙태를 한 여성도 상속 받을 수 있나요?　74

13. 사실혼 배우자도 상속 받을 수 있을까요? … 78
14. 베트남 국적의 아내는 상속 받을 수 있을까요? … 82
15. 거액의 유산은 누가 차지할까요? … 86

3장 얼마나 받을 수 있나요?

16. 특별수익과 구체적 상속분은 어떻게 계산되나요? … 92
17. 배우자가 받은 증여도 특별수익으로 보아야 하나요? … 98
18. 남편 병간호를 한 아내는 기여분을 인정받을 수 있을까요? … 102

4장 가족의 평화를 지키는 현명한 상속재산분할

19. 상속재산분할협의에 상속인 중 1명이 참여하지 않았다면 … 108
20. 금전채권과 채무도 상속재산분할의 대상이 되나요? … 112
21. 상속재산분할협의를 해제하고 새로운 협의를 하였을 때의 효과는? … 116
22. 미성년자의 상속재산분할협의는 어떻게 해야 하나요? … 120
23. 빌딩에서 발생한 차임은 누가 차지할까요? … 126
24. 혼외자가 아버지 사망 후 아들로 인정된 경우 상속은 어떻게 되나요? … 130
25. 생모 사망 후 아들로 인정된 경우 상속은 어떻게 되나요? … 134
26. 채무자의 상속재산분할협의를 채권자가 취소할 수 있나요? … 138

5장 상속 받을 재산보다 빚이 더 많아요

27. 상속포기와 한정승인 중 현명한 선택은 무엇인가요? **144**

28. 상속재산을 장례비용으로 쓴 경우 한정승인이 가능한가요? **148**

29. 부모 사망 전에 한 상속포기 약정은 효력이 있나요? **152**

30. 상속포기 심판 전에 상속재산을 처분하였다면 **156**

31. 상속인이 보험금을 수령한 경우, 한정승인이나 상속포기를 할 수 있을까요? **160**

32. 상속포기나 한정승인은 언제까지 해야 하나요? **164**

33. 악법도 법이니 따라야 하나요? **168**

34. 미성년자의 특별한정승인은 어떤 경우 인정되나요? **172**

35. 상속포기의 효과는 대습상속에도 영향을 미치나요? **176**

36. 상속포기를 하는 경우 채권자가 이를 취소할 수 있나요? **180**

6장 유언은 어떻게 하나요?

37. 자필로 유언장을 쓰면 무효라고요? **186**

38. 아빠, 힘내세요! 그 허무한 외침 **190**

39. 아무나 유언의 증인이 될 수 있나요? **194**

40. 구수증서에 의한 유언은 효력이 있나요? **198**

41. 유언을 취소할 수도 있나요? **202**

42. 유언집행자 해임은 정당한가요? **206**

7장 최소한의 몫, 유류분

- 43. 유류분이란 무엇인가요? 212
- 44. 증여에 동의했던 형제들이 유류분을 청구할 수 있나요? 216
- 45. 사망하기 얼마 전에 한 증여까지 유류분반환의 대상이 되나요? 220
- 46. 증여 받은 재산의 가격이 오른 만큼 유류분도 늘어나나요? 224
- 47. 기여분과 유류분 중 어느것이 먼저인가요? 228
- 48. 치매가 있으면 유언을 못 남기나요? 232

8장 똑똑한 절세법

- 49. 상속공제는 얼마까지 받을 수 있나요? 238
- 50. 상속세를 줄이는 황금 비율 242
- 51. 증여와 상속 중에서 더 유리한 절세법은 248
- 52. 상속 누진세율이 어마어마하다는데요 254

상속 전에 꼭 알고 있어야 할 법률용어

▶ 상속

사람의 사망으로 인한 재산문제를 포함한 법률관계의 포괄적인 승계를 말합니다.

▶ 대습상속

재산상속개시 전에 상속인이 될 직계비속 또는 형제자매가 사망하거나 결격자로 된 경우에 사망하거나 결격자로 된 사람의 직계비속이나 배우자가 대신하여 상속인이 되는 것을 말합니다.

▶ 상속인과 피상속인

피상속인은 상속에 의해 자신의 재산을 물려주는 사람을 말합니다. 상속인은 상속에 의하여 재산을 물려받는 사람을 말합니다. 예를 들어 아버지가 사망하여 아들이 상속하는 경우, 아버지가 피상속인, 아들이 상속인이 됩니다.

▶ 공동상속인

한 사람의 재산을 공동으로 물려받는 사람을 말한다. 아버지가 사망하여 어머니와 자녀 둘이 상속하는 경우, 어머니와 자녀 둘이 공동상속인이 된다.

▶ **적극재산**

재산 중 플러스 재산, 즉 금전적인 가치가 있는 재산을 말합니다. 반대는 소극재산으로 마이너스 재산, 즉 채무를 말합니다.

▶ **고유재산**

상속인이 원래 자기가 소유하고 있던 재산을 말합니다. 상속재산과 구별되는 개념입니다.

▶ **추정상속인**

장래 상속이 개시되었을 경우에 상속이 기대되는 사람을 말합니다.

▶ **법정상속인**

피상속인의 사망에 의해 상속받는 자를 말합니다. 민법 1000조에 상속순위가 정해져 있습니다. 1순위는 직계비속, 2순위는 직계존속, 3순위는 형제자매, 4순위는 4촌 이내의 방계혈족입니다. 배우자는 직계비속이나 직계존속이 있으면 공동으로 상속인이 되고, 직계비속이나 직계존속이 없으면 단독으로 상속인이 됩니다.

▶ **직계존속**

자기를 기준으로 위로 올라가는 혈족을 말합니다. 아버지, 어머니, 할아버지, 할머니, 외할아버지, 외할머니 등이 직계존속에 해당합니다.

▶ **직계비속**

자기로부터 아래로 내려가는 혈족을 말합니다. 아들, 딸, 손자, 손녀, 외손자, 외손녀 등이 직계비속에 해당합니다.

▶ **특별수익자**

피상속인으로부터 재산의 증여 또는 유증을 받은 상속인을 말합니다.

▶ **상속재산분할**

상속인 여러 명이 공동으로 상속을 받은 경우 상속인들이 그 유산을 분할하는 것을 말합니다.

▶ **양도**

물건을 타인에게 이전하는 것을 말한다. 부동산은 등기를 하여야 효력이 발생하고, 동산의 경우에는 점유를 이전하여야 효력이 발생합니다.

▶ **증여**

재산을 무상으로 이전하는 계약을 말합니다. 예를 들어 아버지가 자기 소유 토지를 아들에게 이전하기로 하는 계약을 말합니다. 재산을 주는 사람을 증여자, 재산을 받는 사람을 수증자라 합니다.

▶ **사인증여**

증여의 한 종류로서 증여자의 사망으로 인하여 효력이 발생하는 증여를 말합니다.

▶ **유증**

유언으로써 자기 재산의 일부를 무상으로 타인에게 주는 행위를 말합니다. 예를 들어, 자신이 사망하면 자기 소유 토지를 아들이 가지는 것으로 유언장을 작성하는 것을 말합니다.

▶ 수증자, 수유자
증여에 의해 재산을 받은 자를 수증자라 하고, 유언에 의하여 재산을 받는자를 수유자라 합니다. 때로는 구별없이 모두 수증자라 표현하기도 합니다.

▶ 유류분
피상속인이 증여나 유증을 한 경우에도 상속인이 보장받을 수 있는 최소한의 몫을 말합니다.

▶ 공정증서
공증인이 특정한 사실 또는 법률관계의 존재여부나 내용을 공적으로 증명하는 행위를 공증이라고 합니다. 공증 중에서 공증인이 공증인법의 규정에 따른 방법과 절차에 따라 직접 작성한 문서를 공정증서라 합니다.

▶ 참칭상속인
법률상의 재산상속권이 없음에도 불구하고 상속인인 것처럼 행동하거나, 상속재산의 전부 혹은 일부를 점유하는 자를 의미합니다.

▶ 구수증서
타인이 구술(말로 풀어냄)한 내용을 글로 작성한 문서를 말합니다.

일러두기

1. 이 책에 나온 법조문의 띄어쓰기와 맞춤법은 국가법령정보센터의 내용을 기준으로 하였습니다.
2. 이 책에 나온 판례와 사례는 대한민국 법원 종합법률정보를 바탕으로 하였습니다.

1장
상속에 대해 알아봅시다

가계도에 따른 상속순위

○ 법조문 ○

민법 제1000조(상속의 순위)

① 상속에 있어서는 다음 순위로 상속인이 된다.
1. 피상속인의 직계비속
2. 피상속인의 직계존속
3. 피상속인의 형제자매
4. 피상속인의 4촌 이내의 방계혈족

② 전항의 경우에 동순위의 상속인이 수인인 때에는 최근친을 선순위로 하고 동친 등의 상속인이 수인인 때에는 공동상속인이 된다.

> ## ⚖️ 결론
>
> 상속의 우선순위는 ① 직계비속 ② 직계존속 ③ 형제자매, ④ 4촌 이내의 방계혈족입니다. 상속 비율은 상속인에 따라 정해집니다. 사례에서 나상속 씨가 사망하면 아들과 딸, 배우자가 상속인이 되며 상속 비율은 각각 1:1:1.5입니다.

상속은 사람의 사망으로 인한 재산을 포함한 법률관계(재산문제를 포함)의 포괄적 승계를 의미합니다. 요즘 상속은 비단 특정인뿐 아니라 일반인에게도 뜨거운 관심사가 됐습니다. 관련자의 사망 시에 누가 얼마나 받느냐는 모든 가정의 화두라고 해도 과언이 아닙니다.

상속을 해주는 사람을 피상속인이라 하고 상속을 받는 사람을 상속인이라고 합니다. 상속인은 위의 가계도 내의 가족들 중에서 상속 우선순위로 정해집니다.

가계도를 보면 나상속을 기준으로 아래로 내려가는 혈족이 있습니다. 바로 아들, 딸, 손자, 손녀, 외손자, 외손녀입니다. 이들을 법률용어로 '직계비속'이라고 합니다. 며느리와 사위는 혈족은 아니어서 직계비속이 아닙니다. 며느리와 사위같이 결혼에 의해 친척이 된 사람을 '인척'이라고 합니다.

나를 기준으로 위로 올라가는 혈족은 아버지, 어머니, 할아버지, 할머니, 외할아버지, 외할머니입니다. 이들을 법률용어로 '직계존속'이라고 합니다. 장인, 장모는 혈족은 아니어서 이들 또한 인척입니다.

나의 형제자매로는 형, 누나, 동생이 있습니다. 형제자매는 '방계혈족'입니다. 형제자매는 나와 촌수로는 2촌이고 형제자매의 자녀인 조카들은 나와 촌수로 3촌이 됩니다.

그렇다면 누가 우선으로 상속을 받을 수 있을까요? 즉 상속순위는 어떻게 될까요?

1순위 상속인은 직계비속이고, 2순위 상속인은 직계존속입니다. 3순위 상속인은 형제자매이고, 4순위 상속인은 4촌 이내의 혈족입니다. 배우자는 직계비속 또는 직계존속과 동순위로 공동상속을 받습니다. 직계비속 또는 직계존속이 없으면 배우자가 단독상속인이 됩니다.

또한 2순위 상속인은 1순위 상속인이 없을 때, 3순위 상속인은 2순위 상속인까지 없을 때, 4순위 상속인은 3순위 상속인까지도 없을 때 상속인이 됩니다.

사례에서 1순위 상속인인 직계비속으로 아들, 딸, 손자, 손녀, 외손자, 외손녀가 있습니다. 직계비속으로 자녀와 손자들이 있는 경우에는 보다 근친(촌수가 가까운 친족)인 자녀들이 받습니다.

앞 가계도에서 나상속 씨가 사망했을 시는 직계비속으로서 1순위 상속 대상이 엄연히 존재하기 때문에 상속인은 아들과 딸이 됩니다. 그리고 배우자가 공동으로 상속을 받습니다. 따라서 상속인은 배우자와 아들, 딸 3명입니다.

그렇다면 상속인들의 상속비율은 어떻게 될까요? 공동상속인들의 상속분은 동일하고(평등하고), 배우자만 5할이 가산됩니다. 따라서 배우자는 1.5, 아들과 딸은 1씩 상속 받습니다. 즉 법률관계에 있어서 배우자와 아들, 딸의 상속 비율은 1.5 : 1 : 1이 됩니다.

상속분을 계산해보면 다음과 같습니다.

① 배우자는 총 3.5중 1.5를 상속 받습니다. 분수로 나타내면 1.5/3.5입니다. 분자와 분모에 2를 곱해주면 배우자의 상속분은 3/7입니다.

② 아들과 딸은 3.5중 1씩 상속 받습니다. 분수로 나타내면 1/3.5입니다. 분자와 분모에 2를 곱해주면 아들과 딸의 상속분

은 각 2/7입니다.

 예를 들어 상속재산이 7억 원이라고 한다면 아들과 딸 그리고 배우자는 각각 2억 원, 2억 원, 3억 원씩 받는 것이지요.

직계비속과 직계존속의 상속

법조문

민법 제1009조(법정상속분)

① 동순위의 상속인이 수인인 때에는 그 상속분은 균분으로 한다.
② 피상속인의 배우자의 상속분은 직계비속과 공동으로 상속하는 때에는 직계비속의 상속분의 5할을 가산하고, 직계존속과 공동으로 상속하는 때에는 직계존속의 상속분의 5할을 가산한다.

<사례 1>
조계도 씨에게는 4명의 자녀가 있습니다.

이중 3명은 배우자와의 사이에서 낳았고 1명은 정부와의 관계에서 낳은 자식입니다.

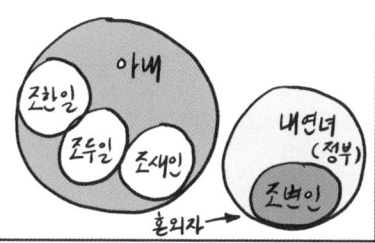

세월이 흘러 조한일 씨는 갑녀와 결혼하여 둘 사이에 자녀 A, B를 두었고 조새인 씨 또한 을남과 결혼하여 자녀 C, D를 두었습니다. 즉 A, B, C, D는 모두 조계도 씨의 손자입니다.

조계도 씨가 사망할 경우 누가 얼마나 상속 받을 수 있을까요?

<사례 2>
어중간 씨는 일찍이 어머니를 여의고 아버지 어물적 씨와 함께 살고 있습니다.

하지만 어물적 씨는 곧 이새론 씨와 재혼했고 어중간 씨에게 새엄마가 생겼습니다.

어중간 씨도 결혼을 하여 두 자녀를 두었습니다.

어중간 씨가 사망한다면 누가 상속을 받을까요? 또한 어중간 씨에게 자녀가 없었다면 상속은 어떻게 될까요?

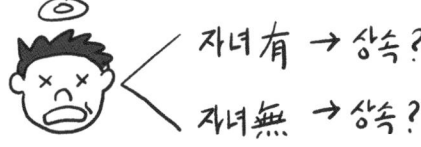

⚖️ 사례 1의 결론

자녀 4명이 똑같이 상속을 받습니다. 단 손자, 외손자는 상속을 받지 못합니다.

조계도 씨의 자녀 4명과 손자 2명, 외손자 2명이 조계도 씨의 직계비속에 해당합니다. 며느리와 사위는 결혼을 통해 조계도 씨와 친척이 되었기 때문에 법률용어로 인척이라 합니다.

자녀와 손자들이 있는 경우 상속은 보다 근친인 자녀들이 받습니다. 자녀들은 조계도 씨와 1촌이고, 손자들은 2촌이기 때문에 자녀들이 조계도 씨와 촌수가 더 가깝습니다. 직계비속으로 자녀들이 없을 때 손자들이 상속을 받습니다.

상속 비율은 어떻게 될까요? 장남인 조한일 씨가 더 받는 게 있을까요? 출가외인(결혼한 딸)인 조새인 씨는 적게 받을까요? 혼외자인 조변인 씨는 상속에서 불이익이 없을까요?

예전에는 장남에게 5할을 가산하고 출가외인은 4분의 1만 상속을 받는 등 차별이 있었으나, 민법이 개정되어 1991년 이후에는 모두 평등하게 받습니다. 장남이라고 더 받고, 출가외인이나 혼외자라고 덜 받는 경우는 이젠 없다고 봐야겠죠.

사례 2의 결론

어중간 씨가 사망하면 자녀들이 평등하게 상속 받습니다. 자녀가 없다면 어중간 씨의 아버지인 어물적 씨가 단독으로 상속을 받습니다. 새엄마인 이새론 씨는 상속 받지 못합니다.

사례에서 어중간 씨가 사망하면 1순위 상속인인 자녀들이 상속을 받고 만일 어중간 씨에게 자녀가 없으면 2순위인 아버지 어물적 씨가 직계존속으로서 상속을 받습니다. 새어머니인 이새론 씨는 친모가 아니어서 직계존속이 안 되어 상속을 받지 못합니다.

이와 같이 직계존속은 직계비속이 없을 때만 상속을 받을 수 있습니다. 그런 면에서 우리나라의 상속은 위에서 아래로 내려가는 것이 원칙입니다. 다른 나라는 직계비속과 직계존속이 함께 받기도 합니다. 결국 상속을 누가 얼마를 받느냐는 각 나라의 입법 정책상의 문제입니다. 따라서 상속에 관한 법률이 만들어지면, 그 법이 아주 부당한 경우가 아니라면 존중되어야 합니다.

탈북자도 상속 받을 수 있나요?

○ 법조문 ○

민법 제999조(상속회복청구권)

① 상속권이 참칭상속권자로 인하여 침해된 때에는 상속권자 또는 그 법정대리인은 상속회복의 소를 제기할 수 있다.
② 제1항의 상속회복청구권은 그 침해를 안 날부터 3년, 상속권의 침해행위가 있은 날부터 10년을 경과하면 소멸된다.

도피한 씨는 탈북자입니다. 	그는 2년 전에 북한에서 한국으로 왔습니다. 	그에게는 '도용서'라는 한국 아버지가 있습니다. 즉 그는 아버지의 실종된 아들입니다. 
도용서 씨가 사망 후 17년 후에 도피한 씨가 한국에 입국한 것입니다. 	도피한 씨는 자신에게도 상속권이 있다고 주장하며 탈북 2년 만에 가족을 상대로 상속회복을 원인으로 한 소송을 제기합니다.	
도용서 씨의 가족으로 배우자와 자녀 2명이 있는데 이들과 도피한 씨와의 상속 문제가 불거졌습니다. 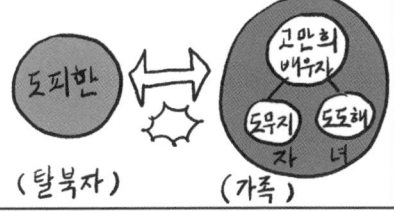		
가족들은 도피한 씨가 아버지 사망 후 자기들 앞으로 땅을 등기한 지 10년이 지나 소송을 제기한 점과, 	만약 탈북자와 북한 주민에게 상속이 선례화되면 그 돈이 북한으로 흘러갈 것을 우려합니다. 	도피한 씨는 상속을 받을 수 있을까요? 

 **결론**

북한에서 탈북한 도피한 씨의 상속회복청구권은 권리행사 기간이 지나버려 소멸하였으므로 도피한 씨는 소송에서 승소할 수 없습니다. 상속은 불가합니다.

참고판례: 대법원 2016. 10. 19. 선고 2014다46648 전원합의체 판결

 탈북자들이 늘어나면서 상속을 둘러싼 분쟁도 하나둘 생겨나고 있습니다. 탈북자들의 상속문제에 적용될 법률과 제도를 잘 정비하는 것이 이제 현실적 과제가 되었습니다.

 일단 북한 주민도 남한 주민과 동일한 상속권을 가지기 때문에, 한국의 가족이 사망하면 상속을 받습니다. 이와 관련하여 「남북 주민 사이의 가족관계와 상속 등에 관한 특례법」이 이미 제정되어 있습니다. 이 법에 의하면 북한에 있는 주민이 상속을 받더라도 그 상속재산을 북한으로 가져갈 수는 없고, 한국에 있는 재산 관리인을 선임하여 관리하도록 하고 있습니다. 상속재산이 북한으로 흘러가면 미사일 제조 등에 사용될 우려가 있기 때문입니다.

사례의 경우 도피한 씨는 도용서 씨의 아들로서 1순위 상속인인 직계비속에 해당합니다. 따라서 도피한 씨는 도용서 씨의 한국에 있는 가족들(고만희, 도무지, 도도해)과 함께 공동상속인이 됩니다.

도용서 씨의 한국에 있는 가족들이 도피한 씨를 빼고 소유권보존 등기를 한 것은 도피한 씨의 상속권을 침해한 것에 해당합니다. 상속권이 침해된 상속인은 민법 제999조에 의해 상속회복청구권을 행사할 수 있습니다. 그런데 상속회복청구권은 그 침해를 안 날부터 3년, 상속권의 침해행위가 있은 날부터 10년 내에 행사해야 합니다. 이러한 권리행사기간(제척기간이라고 함)이 지나면 상속회복청구권은 소멸합니다.

사례에서 도피한 씨가 상속회복청구 소송을 제기한 것은 상속권의 침해행위가 있은 후 10년의 기간이 지난 시점이었습니다. 대법원은 상속권의 침해행위가 있은 날부터 10년이 지난 시점에서 상속인의 상속회복청구권은 소멸하였고, 따라서 상속인의 상속회복청구 소송은 부적법하다고 판단하였습니다.

이러한 대법원의 판단에 대해 북한 주민의 경우 상속 권리를 행사하는 것이 사실상 불가능하기에 상속권의 침해행위가 있은 날로부터 10년이 지났다 하더라도 한국에 입국한 지 3년이 되지 않았다면 상속회복청구를 인정해야 한다는 견해도 있습니다. 사례에서 본다면 아버지 도용서 씨의 사망 시점이나 상속권 침해일이 아니라 도피한이 한국에 입국한 시점부터 권리행사 기간을 계산해야 한다는 의미죠.

이러한 견해가 받아들여진다면 사례에서 도피한 씨는 한국에 입국하고 3년 내에 소송을 제기하였기 때문에 승소할 수 있습니다. 남북의 분단 현실을 고려할 때 충분히 이해할 수 있는 주장이기도 합니다. 하지만 그렇게 되면 상속재산을 매수한 사람 등이 피해를 볼 부작용이 있습니다. 거래안전을 고려할 때 사례에 대한 대법원의 판단은 설득력이 있다고 보입니다.

탈북자들이 늘어나고 이들 또한 우리나라 국민으로 법 적용을 받고 살아가야 하므로 앞으로 탈북자들의 상속에 대한 구체적인 법안이 추가되어야 합니다.

**대법원 2016. 10. 19. 선고 2014다46648 전원합의체 판결
[상속재산회복]**

남·북한주민 사이의 상속과 관련된 분쟁에서 북한주민을 배려할 필요가 있더라도, 이는 민법상 상속회복청구권의 행사에 제척기간을 둔 취지나 남북가족특례법의 입법 목적 및 관련 규정들을 감안하여 해당 규정에 관한 합리적인 법률해석의 범위 내에서 이루어져야 한다. 상

속의 회복은 해당 상속인들 사이뿐 아니라 상속재산을 전득한 제3자에게까지 영향을 미치므로, 민법에서 정한 제척기간이 상당히 지났음에도 그에 대한 예외를 인정하는 것은 법률관계의 안정을 크게 해칠 우려가 있다. 상속회복청구의 제척기간이 훨씬 지났음에도 특례를 인정할 경우에는 그로 인한 혼란이 발생하지 않도록 예외적으로 제척기간의 연장이 인정되는 사유 및 기간 등에 관하여 구체적이고 명확하게 규정할 필요가 있고, 또한 법률관계의 불안정을 해소하고 여러 당사자들의 이해관계를 합리적으로 조정할 수 있는 제도의 보완이 수반되어야 하며, 결국 이는 법률해석의 한계를 넘는 것으로서 입법에 의한 통일적인 처리가 필요하다.

상속회복청구에 관한 제척기간의 취지, 남북가족특례법의 입법 목적 및 관련 규정들의 내용, 가족관계와 재산적 법률관계의 차이, 법률해석의 한계 및 입법적 처리 필요성 등의 여러 사정을 종합하여 보면, 남북가족특례법 제11조 제1항은 피상속인인 남한주민으로부터 상속을 받지 못한 북한주민의 상속회복청구에 관한 법률관계에 관하여도 민법 제999조 제2항의 제척기간이 적용됨을 전제로 한 규정이며, 따라서 남한주민과 마찬가지로 북한주민의 경우에도 다른 특별한 사정이 없는 한 상속권이 침해된 날부터 10년이 경과하면 민법 제999조 제2항에 따라 상속회복청구권이 소멸한다.

제사용 재산은
누가 상속받나요?

○ 법조문 ○

민법 제1008조의3(분묘 등의 승계)

분묘에 속한 1정보 이내의 금양임야와 600평 이내의 묘토인 농지, 족보와 제구의 소유권은 제사를 주재하는 자가 이를 승계한다.

추석전 씨는 76세의 나이로 사망하였습니다. 그의 가족으로는 두 아들이 있습니다.

추석전 씨가 소유한 재산으로는 임야와 밭이 각각 하나씩 있습니다.

임야는 선대의 분묘가 모셔진 금양임야이고 밭은 분묘 관리와 제사 비용에 충당되는 묘토인 농지입니다.

금양임야(禁養林野): 나무나 풀 따위를 함부로 베지 못하는 임야

추모재 씨와 추진후 씨 중 누가 추석전 씨의 제사를 모실지 합의는 이루어지지 않았습니다.

오히려 추석전 씨가 남긴 임야와 밭을 누가 소유할지에 대한 다툼이 일어났습니다.

문제는 추석전 씨가 남긴 임야와 밭이 제사 용도의 재산이라는 점입니다.

과연 누구의 주장이 옳을까요?

 **결론**

제사용 재산은 제사 주재자가 승계하는데, 장남인 추모재 씨가 제사 주재자로서 임야와 밭의 소유권을 취득합니다.

제사용 재산은 상속에 있어서 다른 일반 재산과 달리 취급합니다. 제사용 재산으로는 금양임야, 묘토인 농지, 족보, 제구가 있습니다. 금양임야는 분묘가 모셔져 있고 벌목이 금지된 임야를 말하고, 묘토인 농지는 그 소득으로 제사 비용과 분묘 수호를 위한 비용에 충당하기 위한 농지를 말합니다.

제사용 재산은 일반 재산과 달리 제사를 주재하는 자가 소유권을 취득합니다. 사례에서 추석전 씨의 상속인으로 장남 추모재 씨와 차남 추진후 씨가 있습니다. 일반 재산의 경우는 둘이 1/2씩 공동 상속합니다. 그러나 제사용 재산은 제사를 주재하는 자가 승계하기에 일반적으로 장남 추모재 씨가 단독으로 소유권을 취득하게 됩니다. 제사용 재산이 대를 이어 계속 유지되도록 하기 위한 제도인데, 제사 지내는 사람에 대한 일종의 혜택이라고 보면 좋을 듯합니다.

제사 주재자는 공동상속인들 사이의 협의에 의해 정하되, 협의가 이루어지지 않는 경우에는 장남(장남이 이미 사망한 경우에는 장남의 아들, 즉 장손자)이 되고, 공동상속인들 중 아들이 없는 경우에는 장녀가 됩니다.

사례의 경우 추석전 씨의 제사를 누가 모실지에 대한 협의가 이루어지지 않았기 때문에 장남인 추모재 씨가 제사 주재자가 됩니다. 추석전 씨가 남긴 임야는 금양임야, 농지는 묘토인 농지에 해당하기 때문에 모두 제사용 재산입니다. 따라서 이 부동산들은 제사 주재자인 장남 추모재 씨가 단독으로 소유권을 취득합니다. 이러한 법률 규정은 제사 봉행을 위한 제사용 재산이 유지되도록 하기 위한 것이나, 사실 시대가 흐르면서 점점 그 의미가 약해지고 있습니다. 그리고 제사용 재산의 경우는 2억 원 한도에서 상속세가 부과되지 않습니다.

05
상속, 어디까지 받을 수 있나요?

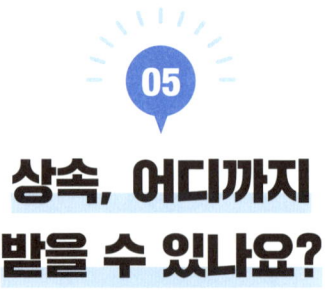

대법원 2008. 11. 20. 선고 2007다27670 전원합의체 판결 [유체인도 등]

사람의 유체·유골은 매장·관리·제사·공양의 대상이 될 수 있는 유체물로서, 분묘에 안치되어 있는 선조의 유체·유골은 민법 제1008조의 3 소정의 제사용 재산인 분묘와 함께 그 제사 주재자에게 승계되고, 피상속인 자신의 유체·유골 역시 위 제사용 재산에 준하여 그 제사 주재자에게 승계된다.

배은망 씨는 위로혜 씨와 결혼해서 아들 배분수 씨를 낳았습니다.

그 후 위로혜 씨와 별거하고 채들어 씨와 동거하면서 자녀 둘을 두었습니다.

배은망 씨는 채들어 씨와 동거 기간 동안 위로혜, 배분수 씨와의 교류가 전혀 없었습니다.

그러다 결국 배은망 씨가 사망하고 채들어 씨는 자녀들과 합의하여 그의 유체를 묘지에 매장하였습니다.

아들 배분수 씨는 이에 강하게 반발했습니다.

즉각 망인의 유체를 자신에게 인도하라는 소송을 제기하였습니다.

배분수 씨는 과연 소송에서 승소할 수 있을까요?

 **결론**

사람의 유체·유골은 제사용 재산인 분묘와 함께 제사 주재자에게 승계됩니다. 따라서 배은망 씨의 유체에 대한 권리는 장자인 배분수 씨에게 있습니다. 배분수 씨는 소송에서 승소할 가능성이 큽니다.

상속대상 치고는 매우 특이하고 조금 오싹한 느낌이네요.

사람의 유체·유골에 대해서도 인도청구 즉, 유체나 유골의 소유권을 자신에게 넘기라는 청구가 가능할까요. 사람의 유체·유골은 제사용 재산인 분묘와 함께 그 제사 주재자에게 승계되고, 따라서 제사 주재자는 유체·유골을 불법으로 점유하는 사람에 대해 인도청구를 할 수 있다는 것이 판례입니다.

그렇다면 제사 주재자는 누구일까요? 먼저 망인(죽은 사람)의 공동상속인들이 협의에 의해 정하되, 협의가 이루어지지 않는 경우에는 장남(장남이 이미 사망한 경우에는 장남의 아들, 즉 장손자)이 제사 주재자가 되고, 공동상속인들 중 아들이 없는 경우에는 망인의 장녀가 제사 주재자가 된다는 것이 판례입니다.

사례에서 제사 주재자에 대한 협의가 없었으므로 배은망 씨의 제사 주재자는 장남인 배분수 씨입니다. 따라서 배은망씨의 유체에 대한 권리도 장남인 배분수씨에게 있기에 배분수 씨는 채들어, 배부른, 배채은 씨를 상대로 유체인도를 청구할 수 있습니다. 채들어, 배부른, 배채은 씨가 배은망 씨의 의사에 따라 공동묘지에 매장했더라도 배은망 씨의 의사는 존중되어야 하지만 제사 주재자가 무조건 이를 따라야 할 법률적 의무는 없다는 것이 판례입니다. 사례에서 채들어 씨 등은 배은망 씨의 의사에 따라 공동묘지에 매장하였다고 주장하였으나, 법원은 이러한 이유로 배분수의 손을 들어줬습니다.

2장
누구에게 상속되나요?

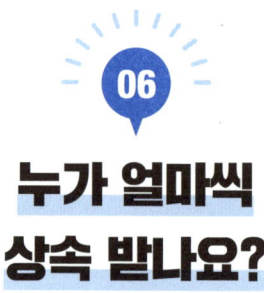

누가 얼마씩 상속 받나요?

◦ 법조문 ◦

민법 제1003조(배우자의 상속순위)

① 피상속인의 배우자는 제1000조 제1항 제1호와 제2호의 규정에 의한 상속인이 있는 경우에는 그 상속인과 동순위로 공동상속인이 되고 그 상속인이 없는 때에는 단독상속인이 된다.

<사례 1>
두번중 씨는 전처은 씨와 결혼하여 아들 두둥신 씨를 두었습니다. 이후 두 사람은 이혼을 하고 두번중 씨는 사미안 씨와 재혼을 하였습니다.

두번중 씨와 사미안 씨 사이에 자녀는 없고 사미안 씨가 전남편에게서 낳은 딸 방황혜 씨가 있습니다.

두번중 씨는 방황혜 씨를 친딸처럼 키웠으나 입양을 하지는 않았습니다.

두번중 씨가 사망할 경우 누가 상속을 받을까요?

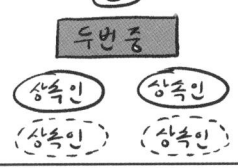

<사례 2>
유력한 씨는 상당한 재력을 가진 부모님의 3남매 중 장남으로 태어나 장남인 이유로 가장 많은 상속을 받았습니다.

유력한 씨는 설상은 씨와 결혼을 하였으나 둘 사이 자녀는 없었습니다.

그러나 부모님이 사망하고 얼마 후 유력한 씨도 젊은 나이에 교통사고로 사망하고 말았습니다.

그가 사망할 당시 소유한 자산은 대부분 그의 부모로부터 물려받았습니다. 유력한 씨의 유족으로는 아내와 동생들이 전부입니다. 누가 얼마씩 상속받을 수 있을까요?

 **사례 1의 결론**

> 두둥신(아들)과 사미안(아내) 씨가 상속 받습니다. 방황혜(의붓딸) 씨는 법적으로 자녀가 아니어서 상속을 받지 못합니다.

두둥신 씨는 두번중 씨의 아들로서 직계비속에 해당하여 상속인이 됩니다. 그런데 의붓딸인 방황혜 씨는 법적으로는 두번중 씨의 자녀가 아니어서 상속을 받지 못합니다. 두번중 씨가 방황혜 씨를 입양했다면 둘 사이에 법적인 부녀관계가 성립하여 상속을 받을 수 있었을 것입니다. 그러나 입양을 하지 않았기 때문에 방황혜 씨는 법적으로는 두번중의 자녀가 아니어서 상속 받지 못합니다.

사미안 씨는 두번중 씨의 배우자이기 때문에 두둥신 씨와 공동으로 상속 받습니다. 전처은 씨는 이혼한 전처이기 때문에 상속 받지 못합니다.

결국 두둥신 씨와 사미안씨가 공동으로 상속을 받게 됩니다. 다만 배우자의 상속분은 5할이 가산되어 두둥신 씨와 사미안 씨의 상속분은 1 : 1.5입니다. 두둥신 씨는 1/2.5, 즉 2/5를 상속받고, 사미안 씨는 1.5/2.5, 즉 3/5을 상속 받게 됩니다.

사례 2의 결론

유력한 씨의 배우자인 설상은 씨가 단독으로 상속을 받습니다. 유력한 씨의 동생들은 상속을 받지 못합니다.

유력한 씨에게 자녀가 없고, 부모님은 돌아가셨기 때문에 1순위(직계비속), 2순위(직계존속) 상속인은 없습니다. 이러한 경우 배우자인 설상은 씨가 단독상속인이 됩니다. 배우자도 없다면 3순위인 동생들이 상속인이 되었을 것입니다.

유력한 씨의 상속재산 대부분이 부모에게 물려받은 것이기 때문에 유력한 씨의 형제자매들은 설상은 씨가 단독으로 상속 받는 것에 억울함을 호소할 수 있습니다. 자기네 가문의 재산이 왜 다른 집안으로 빠져나가냐고 분개하는 사람도 있을 것입니다. 그러나 법은 이런 경우 배우자 단독상속을 분명하게 규정하고 있기에 유력한 씨의 형제자매들이 상속 받을 방법은 없다고 봐야 합니다. 형제자매는 직계혈족이 아니어서 직계비속, 직계존속, 배우자의 상속권에 비해 보호의 필요성이 상대적으로 낮다고 볼 수 있습니다.

직계비속의
대습상속이 가능한가요?

○ 법조문 ○

민법 제1001조(대습상속)

전조 제1항 제1호와 제3호의 규정에 의하여 상속인이 될 직계비속 또는 형제자매가 상속 개시 전에 사망하거나 결격자가 된 경우에 그 직계비속이 있는 때에는 그 직계비속이 사망하거나 결격된 자의 순위에 갈음하여 상속인이 된다.

<사례 1>
오거듭 씨와 이재흔 씨는 모두 재혼으로 결혼 당시 전 배우자 사이에 1명씩의 자녀가 있었습니다.

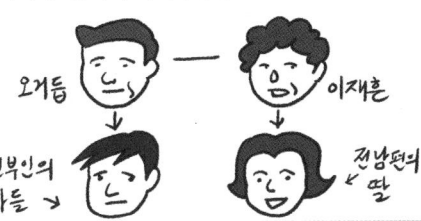

두 사람은 나이가 있어 더 이상의 자녀는 가지지 않고,

오서운 씨를 입양하여 양자로 키웠습니다.

오거듭 씨가 사망하면 누가 상속을 받을까요? 또 이후 이재흔 씨 사망 시 누가 상속 받을까요?

<사례 2>
전전한 씨는 3명의 자녀가 있었는데 이중 첫째와 둘째는 전전한 씨보다 먼저 세상을 떠났습니다.

전전한 씨 사망 후 전남은 씨는 상속을 포기하였습니다.

그렇다면 누가 얼마씩 상속 받을까요?

> ⚖️ **사례 1의 결론**
>
> 오거듭 씨 사망 시 배우자인 이재흔 씨와 자녀인 오서운 씨, 전 부인과 사이에서 낳은 아들이 상속 받습니다. 이후 이재흔 씨가 사망하면 자녀인 오서운 씨, 전남편과 사이에서 낳은 딸이 상속받습니다.

친자녀가 아닌 배우자의 자녀(의붓아들이나 의붓딸)가 상속을 받을 수 있을까요? 예를 들어 새아빠가 사망하면 의붓자녀들은 상속 받을 수 있을까요? 새아빠와 의붓자녀는 법적으로는 친자관계가 아니어서 상속권이 없습니다. 다만 입양을 하면 법적으로 친자관계가 되기 때문에 상속을 받습니다.

오거듭 씨가 사망하면, 오거듭 씨의 아들과 오서운 씨가 1순위 상속인이 되고, 배우자인 이재흔 씨가 공동으로 상속 받습니다. 그러나 이재흔 씨의 딸은 오거듭 씨의 자녀가 아니기 때문에 상속 받지 못합니다. 오거듭 씨가 이재흔 씨의 딸을 양자로 삼았다면 이재흔 씨의 딸도 상속 받을 수 있습니다. 상속분은 배우자인 이재흔 씨가 1.5이고 자녀들은 각 1씩입니다.

이후 이재흔 씨가 사망하면 직계비속인 딸과 오서운 씨가 1순위 상속인이 됩니다. 상속분은 1 : 1로 같습니다. 오거듭 씨의 아들은 이재흔 씨의 자녀가 아니기 때문에 상속 받지 못합니다. 참고로 오서운 씨는 양부모뿐만 아니라 친부모로부터도 상속을 받습니다.

사례 2의 결론

전전한 씨보다 먼저 사망한 전전사, 전횡사 씨의 자녀들인 전일한, 전이한, 전하란 씨가 대습상속을 받습니다. 전일한과 전이한 씨는 각 1/4, 전하란 씨는 1/2을 상속 받습니다.

상속인이 될 직계비속 또는 형제자매가 피상속인보다 먼저 사망하거나 상속결격자가 되면 그 직계비속이나 배우자가 대신하여 상속인이 됩니다. 이를 '대습상속'이라고 합니다. 상속인이 될 자가 상속포기를 한 경우는 대습상속이 이루어지지 않습니다.

사례에서 전전사, 전횡사 씨는 전전한 씨보다 먼저 사망하였으므로 그 직계비속들인 전일한, 전이한, 전하란 씨가 대습상속을 받게 됩니다. 그러나 전남은 씨는 상속포기를 하였기 때문에 그 자녀는 대습상속을 받지 못합니다. 따라서 상속은 전일한, 전이한, 전하란 씨가 받습니다.

대습상속의 경우 사망 또는 결격자가 된 자의 상속분에 의합니다. 즉 원래 상속 받을 사람이 받을 상속분을 대습상속인이 상속

받습니다. 사안에서 전전사, 전횡사 씨는 1/2씩 상속권이 있습니다. 전일한, 전이한 씨는 전전사 씨의 1/2 상속분을 1 : 1로 상속받습니다. 결국 전일한, 전이한 씨의 상속분은 각 1/4이 됩니다. 전하란 씨는 전횡상 씨의 1/2 상속분을 그대로 받습니다.

양자도 상속 받을 수 있나요?

○ 법조문 ○

민법 제908조의 2(친양자 입양의 요건 등)

① 친양자를 입양하려는 사람은 다음 각 호의 요건을 갖추어 가정법원에 친양자 입양을 청구하여야 한다.
1. 3년 이상 혼인 중인 부부로서 공동으로 입양할 것. 다만, 1년 이상 혼인 중인 부부의 한쪽이 그 배우자의 친생자를 친양자로 하는 경우에는 그러하지 아니하다.
2. 친양자가 될 사람이 미성년자일 것
3. 친양자가 될 사람의 친생부모가 친양자 입양에 동의할 것. 다만, 부모가 친권상실의 선고를 받거나 소재를 알 수 없거나 그 밖의 사유로 동의할 수 없는 경우에는 그러하지 아니하다.

민법 제908조의 3(친양자 입양의 효력)

① 친양자는 부부의 혼인중 출생자로 본다.

차별한 씨는 결혼을 하여 1명의 자녀를 두었습니다.

그 후 그는 이혼하고 진지혜 씨와 재혼을 하였습니다. 진지혜 씨는 전남편 최고집 씨와의 사이에 세 자녀가 있습니다.

차별한 씨는 진지혜 씨의 자녀 중 최일석, 최천석을 이뻐하여 입양하여 양자로 삼았습니다.

최일석 씨는 이미 성년이어서 일반 입양을 하였고 최천석 씨는 미성년자여서 친부 최고집 씨의 동의를 받아 친양자로 삼았습니다.

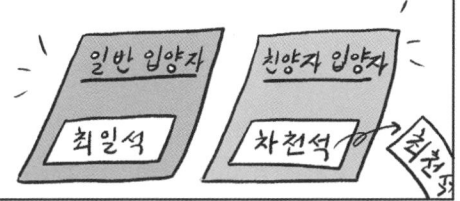

그러나 최만석 씨는 차별한 씨에게 반항기가 있어 이뻐하지 않았고 그래서 입양도 하지 않았습니다.

차별한 씨가 사망하면 누가 상속을 받을까요?

또 최고집 씨가 사망하면 누가 상속을 받을까요?

 **결론**

차별한 씨가 사망하면 아내와 자녀 차지한, 최일석, 차천석 씨가 공동으로 상속을 받습니다.
최고집 씨가 사망하면 최일석과 최만석씨가 자녀로서 상속을 받습니다.

혈족에는 피가 섞인 '자연혈족'과 원래는 피가 섞이지 않았으나 법률에 의해 혈족이 된 '법정혈족'이 있습니다. 양부모가 양자를 입양하면 둘은 법정혈족이 되어 부모와 자녀의 관계가 됩니다.

입양에는 일반 입양과 친양자 입양이 있습니다. 일반 입양의 경우는 친부모와의 관계가 끊어지지 않고, 성도 원래의 성을 그대로 사용합니다. 친양자 입양의 경우에는 친부모와의 관계가 단절되고, 양부모의 친자가 됩니다. 성도 양아버지의 성을 따릅니다. 단 친양자 입양은 미성년의 경우에만 가능하고, 친부모의 동의를 받아 가정법원의 재판을 통해서만 할 수 있습니다.

사례의 경우 차별한 씨가 사망하면 아내와 자녀인 차지한, 최일석, 차천석 씨가 상속을 받습니다. 차지한 씨는 원래 자녀였고, 최일석과 차천석 씨는 입양에 의해 법적으로 자녀가 되었기 때문에 상속을 받을 수 있습니다. 그러나 최만석 씨는 입양을 하지 않았기 때문에 법적으로는 자녀가 아니어서 상속 받지 못합니다.

다음으로 최고집 씨가 사망하면 누가 상속을 받을까요? 최고집 씨의 원래 자녀는 최일석, 차천석, 최만석 씨가 있습니다. 그런데 최일석 씨는 차별한에게 일반 입양이 되었고, 차천석(친양자 입양이 되었기 때문에 원래 이름이 최천석에서 차천석으로 바뀜) 씨는 친양자 입양이 되었습니다. 일반 입양의 경우 친부모와의 관계가 유지되기 때문에 최고집 씨가 사망하면 최일석 씨는 상속을 받습니다. 그러나 차천석 씨는 차별한 씨에게 친양자 입양이 되어 최고집 씨와의 관계가 단절되었기 때문에 최고집 씨가 사망하면 상속 받지 못합니다. 따라서 최일석과 최만석 씨만 상속을 받습니다. 최일석 씨는 양아버지 사망 시에도 상속을 받고, 친아버지 사망 시에도 상속을 받는 것이지요.

양육 의무를 다하지 않은 부모도 상속 받을 수 있나요?

> 판례

헌법재판소 2018. 2. 22. 선고 2017헌바59 결정 [민법 제1000조 제1항 제2호 위헌소원]

부양 의무의 이행과 상속은 서로 대응하는 개념이 아니어서, 법정상속인이 피상속인에 대한 부양 의무를 이행하지 않았다고 하여 상속인의 지위를 박탈당하는 것도 아니고, 반대로 법정상속인이 아닌 사람이 피상속인을 부양하였다고 하여 상속인이 되는 것도 아니다. 만약 직계존속이 피상속인에 대한 부양 의무를 이행하지 않은 경우를 상속결격사유로 본다면, 과연 어느 경우에 상속결격인지 여부를 명확하게 판단하기 어려워 이에 관한 다툼으로 상속을 둘러싼 법적 분쟁이 빈번하게 발생할 가능성이 높고, 그로 인하여 상속관계에 관한 법적 안정성이 심각하게 저해된다.

피렴치 씨는 구하진 씨와 혼인을 하고 피혜본 양을 출산하였습니다.

그러나 딸이 5세 때 이혼 했고, 어머니 구하진 씨가 딸을 양육했습니다.

그 후로 피렴치 씨는 딸을 만나지 않고 심지어 양육비 한푼 보내지 않았습니다.

그러다가 피혜본 양이 꽃다운 21세의 나이에 교통사고를 당해 사망하는 일이 벌어졌습니다.

그녀는 미혼으로 가족이라고는 두 부모뿐이었습니다.

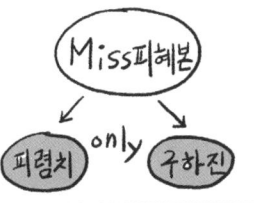

사망 전 피혜본 양은 자신 사망 시 상속인이 받을 수 있는 생명보험에 가입했는데,

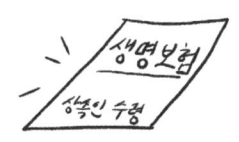

그녀의 사망으로 3억 원 정도의 보험금이 생겼고 또한 교통사고 가해자의 자동차보험회사에 대한 손해배상청구권 3억 원도 인정이 되었습니다.

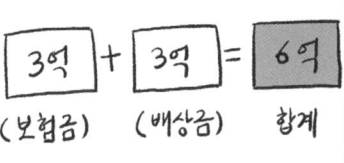

생명보험회사와 자동차보험회사는 상속인인 부모가 각각 1/2씩 보험금 수령액을 나누어 갖는다고 보아 1억 5천만 원씩 각자에게 배분을 하였습니다.

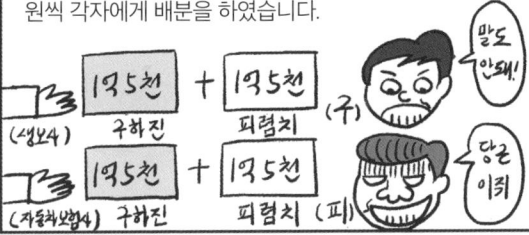

구하진 씨는 분개했습니다. 딸의 양육 의무를 다하지 않은 피렴치 씨가 상속 받는 것에 이의를 제기했습니다.

그녀는 '보험금 반환'을 청구하였고 피렴치 씨에게 양육비를 지급하라는 소송을 제기하였습니다. 또한 현행법에 대한 헌법소원을 청구하였습니다.

부양 의무를 전혀 이행하지 않은 부모에게도 상속권이 인정되는 현행 민법이 이번 사건을 계기로 개정될 수 있을까요?

>  **결론**
>
> 피렴치 씨는 피혜본 양의 아버지로서 상속을 받을 가능성이 높습니다. 다만 구하진 씨에게 지급하지 않았던 딸에 대한 과거 양육비를 지급해야 합니다.

민법상 1순위 상속인은 직계비속이고, 2순위 상속인은 직계존속입니다. 배우자는 직계비속 또는 직계존속과 공동으로 상속받습니다. 사안의 경우 피혜본 양은 직계비속이나 배우자가 없는 상태에서 사망하였기 때문에 직계존속인 부모가 상속인이 됩니다. 그리고 부모의 상속분은 동일합니다.

상속인이 상속결격자에 해당하면 상속을 받지 못합니다. 민법 1004조는 고의로 직계존속, 피상속인 등을 살해하거나 살해하려고 한 자, 상해를 가하여 사망에 이르게 한 자는 상속을 못 받는다고 규정하고 있습니다. 유언을 방해한 자도 상속을 받지 못합니다.

그런데 사안과 같이 부모로서 자녀에 대한 양육 의무를 이행하지 않은 경우, 그 자녀가 사망하였을 때 부모가 상속을 받을 수 있는지 문제됩니다. 최근 연예인 구하라 씨 사건을 통해 양육 의무를 이행하지 않은 부모는 상속을 못 받게 하자는 주장이 강하게 제기되고 있습니다. 이에 따라 양육 의무를 이행하지 않은 부모를 상속결격자로 하는 민법 개정도 추진되고 있습니다. 그러나 현재까지는 양육 의무를 이행하지 않은 부모도 상속을 받고 있고 법이 개정되기 전까지는 계속 그럴 가능성이 높습니다.

다만, 사안에서 피렴치 씨는 피혜본 씨가 성인이 될 때까지 양육 의무를 이행하지 않았고, 구하진 씨가 혼자 양육을 책임졌습니다. 따라서 피렴치 씨는 양육비를 분담할 의무가 있습니다. 사안에서 구하진 씨의 양육비 청구에 대해 법원은 피렴치씨에게 1억 2백만 원의 양육비를 지급하라는 판결을 하였습니다. 과거 양육비 청구는 보통의 채권과 달리 시간이 오래 지나더라도 소멸시효가 진행되지 않아 청구가 인정된다는 것이 판례입니다.

이혼 후 양육비를 지급하지 않는 무책임한 부모들에 대한 사회적 비난이 높아지고 있습니다. 따라서 앞으로는 양육 의무를 이행하지 않은 부모는 상속을 받을 수 없도록 민법을 개정할 필요성이 있어 보입니다. 법이 개정되기 전까지는 과거 양육비를 많이 인정하는 판결을 할 필요가 있다고 생각합니다.

배우자 상속분이 너무 적지 않은가요?

법조문

민법 제1009조(법정상속분)
① 동순위의 상속인이 수인인 때에는 그 상속분은 균분으로 한다.
② 피상속인의 배우자의 상속분은 직계비속과 공동으로 상속하는 때에는 직계비속의 상속분의 5할을 가산하고, 직계존속과 공동으로 상속하는 때에는 직계존속의 상속분의 5할을 가산한다

마구산 씨는 조강지 씨와 결혼을 했다가 몇 년 후 이혼을 하고,

이재온 씨와 다시 재혼을 하였습니다.

마구산 씨에게는 전처 조강지 씨와의 사이에서 낳은 두 자녀가 있습니다.

재혼한 아내 이재온 씨와 마구산 씨의 두 자녀는 사이가 좋지 않고 왕래도 거의 없었습니다.

마구산 씨는 고령으로 사망하였고 사망 당시 상당한 재산을 남겼습니다.

마구산 씨의 가족은 부인과 직계비속으로 자녀, 그리고 그 자녀의 각각 2명의 자녀를 포함해서 모두 7명입니다.

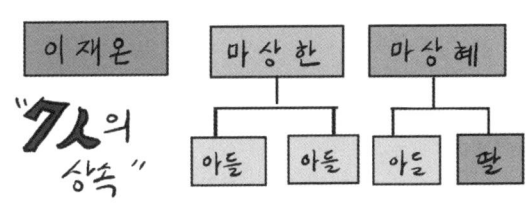

그러나 마상한 씨와 마상혜 씨가 상속을 포기하면서 변수가 생깁니다.

그렇다면 누가 얼마씩 상속 받으며 특히 배우자 상속분은 얼마나 될까요?

 **결론**

마구산 씨의 아내 이재온 씨가 단독으로 상속 받습니다. 마구산 씨의 4명의 손자는 상속 받지 못합니다.

배우자는 직계비속이나 직계존속과 공동상속인이 되고, 직계비속이나 직계존속이 없으면 단독으로 상속인이 됩니다. 공동상속인의 상속분은 같고, 배우자의 상속분은 5할을 가산합니다.

사례의 경우 마구산 씨의 사망으로 직계비속 중 촌수가 가까운 자녀들이 상속인이 되고, 배우자가 공동상속을 받습니다. 즉 이재온(아내), 마상한(아들), 마상혜(딸) 씨가 상속 받고 상속 비율은 1.5 : 1 : 1입니다. 이들의 상속분을 계산하면 다음과 같습니다.

① 이재온 씨는 3.5중 1.5를 상속 받습니다. 이를 분수로 나타내면 1.5/3.5입니다. 분자 분모에 2를 곱해주면 3/7이 됩니다. 이재온의 상속분은 3/7입니다.

② 마상한과 마상혜 씨는 3.5 중 1씩 상속 받습니다. 이를 분수로 나타내면 1/3.5입니다. 분자 분모에 2를 곱해주면 2/7가 됩니

다. 마상한과 마상혜 씨의 상속분은 각 2/7입니다.

 사례에서처럼 마상한, 마상혜 씨가 상속을 포기하면 어떻게 될까요. 얼마 전까지는 마상한, 마상혜가 상속을 포기하면 마구산의 손자들인 마상한, 마상혜의 자녀들이 상속받는다는 것이 판례였습니다(대법원 2015. 5. 14. 선고 2013다48852 판결). 즉 이재흔과 마구산의 네 명의 손자(마상한의 자녀 2명, 마상혜의 자녀 2명)들이 공동상속인이 되었습니다. 상속비율은 이재흔이 1.5이고, 나머지 네 명의 손자들은 1씩입니다. 이재흔의 상속분은 3/11이고, 손자들의 상속분은 각 2/11입니다. 마상한, 마상혜의 상속 포기로 배우자인 이재흔의 상속분이 줄어들게 된 것입니다(3/7에서 3/11로). 이와 같이 배우자의 상속분을 다른 공동상속인에 비해 5할만 가산하도록 한 우리 민법은 배우자의 상속분이 너무 적다는 비판을 받고 있습니다.

 그런데 최근 대법원은 자녀 전부가 상속을 포기하면 손자나 직계존속이 있더라도 배우자만 단독 상속인이 되는 것으로 판례를 변경하였습니다(대법원 2023. 3. 23.자 2020그42 전원합의체 결정). 사례에서 마상한, 마상혜가 상속을 포기하면 배우자인 이재온씨가 단독으로 상속인이 되는 것으로 판례가 변경된 것입니다. 이러한 판례의 변경으로 배우자와 자녀들 중 자녀들만 상속을 포기했을 때, 뜻하지 않게 손자들이 상속을 받게 되어 빚이 대물림되는 악순환이 더 이상 없어지게 되었습니다. 그러나 배우자의 상속분이 너무 적다는 문제는 여전히 해결되지 않았습니다. 옆 나라 일본의 민법에서는 이러한 부분을 다루고 있습니다.

일본 민법 제890조 (배우자의 상속권)

피상속인의 배우자는 항상 상속인으로 한다. 이 경우에 제887조 또는 전조의 규정에 의해 상속인으로 되는 자가 있는 때는 그자와 동순위로 한다.

일본 민법 제900조 (법정상속분)

동순위의 상속인이 수인인 때는 그 상속분은 다음 각호의 정한 바에 의한다.

1. 자(子) 및 배우자가 상속인인 때는 자의 상속분 및 배우자의 상속분은 각 2분 1로 한다.
2. 배우자 및 직계존속이 상속인인 때는 배우자의 상속분은 3분의 2로 하고, 직계존속의 상속분은 3분의 1로 한다.
3. 배우자 및 형제자매가 상속인인 때는 배우자의 상속분의 4분의 3으로 하고, 형제자매의 상속분은 4분의 1로 한다.

별거 중인 부부는 배우자 사망 후 상속을 받을 수 있을까요?

✦✦✦✦✦✦✦✦✦✦✦✦✦✦✦✦ 법조문 ✦✦✦✦✦✦✦✦✦✦✦✦✦✦✦✦

민법 제1004조(상속인의 결격사유)

다음 각 호의 어느 하나에 해당한 자는 상속인이 되지 못한다.
1. 고의로 직계존속, 피상속인, 그 배우자 또는 상속의 선순위나 동순위에 있는 자를 살해하거나 살해하려 한 자
2. 고의로 직계존속, 피상속인과 그 배우자에게 상해를 가하여 사망에 이르게 한 자
3. 사기 또는 강박으로 피상속인의 상속에 관한 유언 또는 유언의 철회를 방해한 자
4. 사기 또는 강박으로 피상속인의 상속에 관한 유언을 하게 한 자
5. 피상속인의 상속에 관한 유언서를 위조·변조·파기 또는 은닉한 자

지대로 씨와 모질은 씨는 결혼 후부터 사이가 좋지 않았습니다. 	결국 부부는 자녀들이 모두 성년이 되었을 때 합의이혼을 하기로 했습니다. 	합의이혼 2년 전에 모질은 씨는 가정을 이미 떠났습니다. 

모질은 씨가 독립생활이 가능했던 것은 그녀가 부모님으로부터 약 20억 원가량의 유산을 상속 받았기 때문입니다.

그러나 합의이혼이 되지 않은 상황에서 모질은 씨와 자녀들이 함께 여행을 갔다가 모두 교통사고로 숨지는 일이 벌어집니다.

아직 최종 이혼신고가 이루어지지 않아 행정상 지대로 씨와 모질은 씨가 부부관계인 상태에서 모질은 씨의 자산 20억 원에 대한 갈등이 불거졌습니다.

모질은 씨의 20억 원을 차지하기 위한 서로의 공방은 치열합니다.

최종 이혼이 이루어지지 않은 상황에서 상속은 어떻게 될까요?

결론
지대로 씨가 모질은 씨의 배우자로서 상속 받습니다.

사례에서 모질은 씨의 부모는 이미 사망했고, 모질은 씨 자녀들은 모질은 씨와 함께 사망하였기 때문에 배우자인 지대로 씨가 단독으로 상속 받게 됩니다.

그런데 지대로 씨는 모질은 씨 사망 2년 전부터 별거하고 있는 사이였습니다. 법적으로는 부부관계가 유지되었지만 사실상은 이혼한 상태였습니다. 이러한 경우에도 지대로 씨가 상속 받을 수 있을까요? 만약 지대로 씨가 상속을 받지 못한다면 모질은 씨의 형제자매들이 상속을 받게 될 것입니다.

우리나라 민법이 정한 상속결격사유 법 규정을 볼 때, 부부가 별거하여 사실상 이혼한 상태에 있는 경우는 상속결격사유에 해당하지 않습니다. 따라서 지대로 씨는 모질은 씨의 법률상 배우자로서 상속을 받을 수 있을 것으로 생각됩니다.

최종 이혼신고만 되지 않았을 뿐 사실상 이혼한 배우자가 상속을 받는 것이 일반인에게는 부당하게 느껴질 수도 있으나 현행 법하에서는 어쩔 수 없습니다. 이와 같이 법적으로 이혼이 되지 않으면 상속을 둘러싸고 사례와 같이 복잡한 문제가 발생할 수 있음을 유의해야 합니다.

참고로 28년간 별거하다가 사망한 아내가 남편과 자녀들을 상속인으로 둔 사례에서, 자녀들의 기여도를 80% 인정하여 남편의 상속분을 아주 일부(약 3억원 중 2천만원 정도)만 인정한 서울가정법원의 판결이 최근 있었습니다. 뒤에서 보게 되는 기여분 제도를 통해서 오랜 기간 별거한 배우자의 상속분을 최대한 줄인 것입니다. 이 경우는 그나마 자녀들이 공동상속인이었기 때문에 이러한 판결이 가능했습니다.

낙태를 한 여성도 상속 받을 수 있나요?

판례

대법원 1992. 5. 22. 선고 92다2127 판결

[1] 태아가 호주상속의 선순위 또는 재산상속의 선순위나 동순위에 있는 경우에 그를 낙태하면 구 민법(1990. 1. 13. 법률 제4199호로 개정되기 전의 것) 제992조 제1호 및 제1004조 제1호 소정의 상속결격 사유에 해당한다.

[2] '살해의 고의' 이외에 '상속에 유리하다는 인식'은 필요로 하지 아니한다고 할 것이다.

이단명 씨와 기고애 씨는 결혼하여 행복한 신혼생활을 하고 있었습니다.

그런데 이단명 씨는 29세의 젊은 나이에 교통사고를 당하여 사망하고 말았습니다.

교통사고 가해자 측의 자동차보험회사는 손해배상으로 3억 원의 보험료를 지급할 의무가 인정되었습니다. 이는 이단명 씨 가족인 아내와 부모에게 상속됩니다.

기고애 씨는 남편의 사망으로 큰 충격을 받았습니다. 더구나 그녀는 임신 중이었는데 결손가정에서 아이를 키우는 것에 엄청난 부담을 느꼈습니다.

급기야 그녀는 낙태를 결심하고 이를 행동에 옮겼습니다.

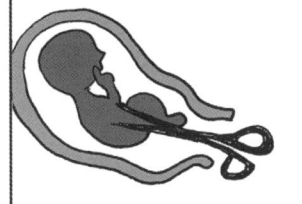

이단명 씨의 부모는 기고애 씨가 낙태를 한 것은 재산상속 동순위에 있는 자를 살해한 경우에 해당한다고 주장하며 분개하였습니다.

그들은 보험회사의 보험금은 부모에게만 상속되어야 한다고 주장합니다.

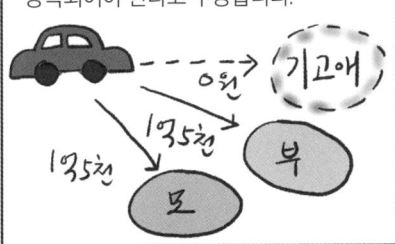

기고애 씨는 망연자실하며 억울함을 호소합니다.

과연 낙태한 여성에게도 상속이 허락될까요?

 **결론**

기고애 씨가 낙태를 한 것은 동순위 상속인을 살해한 것에 해당하여 기고애 씨는 상속결격자가 됩니다. 보험금은 이단명 씨의 부모가 상속하게 됩니다.

우리나라 민법 제 1004조는 상속을 받지 못하는 상속인의 결격사유를 규정하고 있습니다.

사례에서 태아가 살아서 태어날 경우 이단명 씨의 1순위 상속인이 되고, 기고애 씨는 배우자로서 공동상속인이 됩니다. 기고애 씨가 태아를 낙태한 것은 상속의 동순위에 있는 자를 살해한 것으로 인정될 여지가 있습니다. 즉 고의로 상속인을 사망에 이르게 했다고 볼 수 있는 거죠.

실제 판례는 상속의 동순위에 있는 자를 살해한 것으로 인정하여 기고애 씨는 상속결격자에 해당하고, 따라서 이단명 씨의 부모에게만 상속권이 있다고 판단하였습니다.

한편, 기고애 씨는 태아를 낙태하더라도 이단명 씨 부모와 공동상속인이 될 수 있습니다. 다시 말하면 기고애 씨가 낙태를 하더라도 상속을 더 받게 되는 이득은 없습니다. 기고애 씨가 태아를 낙태하는 것이 자신의 상속에 유리하다고 판단하지는 않았을 것입니다. 그런데 대법원은 상속에 유리하다는 인식 자체가 상속결격 판단 여부에는 영향을 끼치지 않는다고 보고 있습니다. 따라서 사례와 같이 상속에 유리하다는 인식 없이 낙태한 경우에도 상속결격자에 해당하게 됩니다.

  여기서 한 가지 주목할 것은 태아를 낙태한 것을 사람을 살해한 것과 동일시할 수 있느냐입니다. 형법에서는 사람을 살해하면 살인죄, 태아를 낙태하면 낙태죄가 되어 양자를 구분합니다. 또한 낙태죄에 대한 2019년 헌법재판소의 헌법불합치 결정으로 현재 낙태죄 조항에 대한 개정이 이루어지고 있는 현실입니다. 따라서 태아를 낙태한 것이 상속결격자 사유에 해당한다는 대법원의 판단은 문제가 있어 보입니다. 특히 사례와 같이 남편의 사망으로 인하여 정신적 충격을 받고 신체적으로 쇠약한 상태에서, 결손가정에서 아이를 키우기 어려우리라는 생각에 낙태를 한 경우까지 상속을 못 받는다는 것은 아내에게 너무 가혹하다고 여겨집니다. 시대 상황에 맞게 판례의 변경이 필요하지 않을까 싶습니다.

사실혼 배우자도 상속 받을 수 있을까요?

◦ 법조문 ◦

민법 제839조의2(재산분할청구권)

① 협의상 이혼한 자의 일방은 다른 일방에 대하여 재산분할을 청구할 수 있다.

② 제1항의 재산분할에 관하여 협의가 되지 아니하거나 협의할 수 없는 때에는 가정법원은 당사자의 청구에 의하여 당사자 쌍방의 협력으로 이룩한 재산의 액수, 기타 사정을 참작하여 분할의 액수와 방법을 정한다.

③ 제1항의 재산분할청구권은 이혼한 날부터 2년을 경과한 때에는 소멸한다.

이견우 씨는 B녀를 만나 사랑에 빠져,

혼인신고를 마치고 두 자녀를 낳았으나,

25년 만에 이혼을 하였습니다.

그 후 오직녀 씨를 만나 사귀다가

동거를 하며 사실상 부부로 생활하였습니다.

그러나 자녀들의 반대 때문에 혼인신고를 하지 않고 사실혼만 유지하였습니다.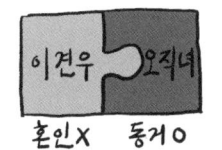

이견우 씨의 자녀와 오직녀 씨와의 교류 또한 없었습니다.

그러던 어느 날 이견우 씨가 아침에 배드민턴을 치다가 갑자기 쓰러졌습니다.

이견우와 오직녀 씨는 사실혼을 시작한 후, 3억 원 상당의 예금을 이견우 씨의 명의로 했습니다.

오직녀 씨는 이견우 씨가 사망하기 전 법원에 그를 상대로 사실혼 파탄을 이유로 한 '재산분할청구심판'을 청구하였습니다. 그녀는 예금 3억 원 중 자신의 기여도가 절반이라고 주장합니다.

이견우 씨가 사망하자 오직녀 씨는 상속인인 그 자녀들에게 아버지를 대신하여 재산분할을 해줄 것을 요구했습니다.

오직녀 씨는 이견우 자녀들과의 소송에서 과연 승소할 수 있을까요?

> ## ⚖️ 결론
>
> 사실혼도 법률상 결혼에 준하는 보호를 받습니다. 따라서 오직녀 씨의 재산분할청구는 승소할 수 있습니다.
>
> 참고판례: 대법원 2009. 2. 9.자 2008스105 결정

혼인신고 없이 사실상 부부로 사는 것을 '사실혼'이라고 합니다. 사실혼도 법률상의 부부에 준하는 보호를 받습니다. 따라서 사실혼 관계가 깨지는 경우 사실혼 당사자는 상대방에게 재산분할을 청구할 권리가 있습니다. 다만 사실혼 부부 사이에는 상속이 인정되지 않습니다. 이점이 법률혼과 가장 큰 차이점입니다.

사실혼은 법률혼과 달리 이혼 절차가 따로 없습니다. 따라서 어느 한쪽이 일방적으로 사실혼 관계를 깰 수 있습니다. 다만 일방적으로 깬 사실혼 배우자를 상대로 위자료를 청구할 수 있습니다. 사례의 경우 오직녀 씨는 이견우 씨에게 사실혼 관계가 깨졌다며 가정법원에 재산분할청구를 했습니다. 이러한 오직녀 씨의 행위는 사실혼 관계를 깨겠다는 의사로 볼 수 있어 재산분할심판 청구서가 이견우 씨에게 송달되지 않았어도 이미 둘 사이

의 사실혼 관계는 깨졌다고 봐야 합니다. 따라서 이견우 씨는 오직녀 씨에게 재산분할을 해주어야 합니다. 그리고 이견우 씨가 사망했기에 이견우 씨의 상속인들인 자녀들이 오직녀 씨에게 재산분할을 해주어야 합니다. 따라서 오직녀 씨의 이견우 씨 자녀들에 대한 재산분할청구 소송은 승소할 것으로 보입니다.

그렇다면 오직녀 씨는 이견우 씨와 원만한 부부생활을 하고 있었음에도, 이견우 씨가 쓰러지고 왜 갑자기 재산분할청구를 했을까요? 아마도 사실혼 부부에게는 상속이 인정되지 않음을 오직녀 씨가 알고 미리 대응했다고 보여집니다. 오직녀 씨가 재산분할을 청구하지 않은 상태에서 이견우 씨가 사망하면, 이견우 씨 명의의 은행예금 3억 원은 이견우 씨의 자녀들에게 고스란히 상속되기 때문입니다. 오직녀 씨는 자신의 재산권을 행사하기 위해 어쩔 수 없이 이견우 씨를 상대로 사실혼을 파기하면서까지 재산분할을 청구한 것으로 보입니다.

이 부분은 앞으로 법률 개정이 필요하다고 생각합니다. 사실혼 부부 사이에도 상속권이나, 상속에 준하는 권리가 인정된다면 몇십 년간 함께 산 부부가 일방의 죽음을 앞둔 시점에서 부득이하게 이런 안타까운 소송을 하는 일은 없어지지 않을까요?

베트남 국적의 아내는 상속 받을 수 있을까요?

◦ 법조문 ◦

국제사법 제49조
① 상속은 사망 당시 피상속인의 본국법에 의한다.

국가간 씨는 베트남 여자와 국제결혼을 하였습니다.

'호잉'이라는 신부는 베트남 국적으로 결혼이민비자를 받아 한국에 입국하여

국가간 씨와 가정을 이루고 살았습니다.

그러나 둘 사이에 자녀가 없는 상태에서 국가간 씨가 불의의 교통사고로 사망하는 일이 발생하였습니다.

이로 인해 한국 국적 취득 전인 호잉 씨의 상속 문제가 불거졌습니다.

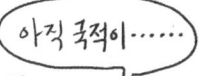

국가간 씨가 사망 시 남긴 재산은 모두 7억 원입니다.

호잉 씨는 이 재산을 상속 받을 수 있을까요? 아니면 누가 얼마만큼씩 받을 수 있을까요?

 **결론**

호잉 씨는 국가간(남편) 씨의 배우자로서 국가간 씨의 부모와 함께 상속을 받습니다. 상속분은 호잉 씨가 3/7이고, 국가간 씨의 부모는 각 2/7씩입니다.

우리나라도 이제 국제결혼과 이민이 활발하게 이루어지면서 다문화 민족, 다문화사회가 되어 가고 있습니다. 앞으로 다문화 가정에 상속을 둘러싼 분쟁이 증가할 것으로 보이므로 이에 대한 대비가 필요할 것으로 생각됩니다.

사례는 한국인과 베트남인이 부부로 살다가, 한국인 남편이 사망한 경우입니다. 이때 상속은 어느 나라 법에 따르게 될까요?

상속은 피상속인(돌아가신 분)의 본국 법에 의합니다. 즉 사망한 국가간 씨의 국적인 한국 법에 따라 상속이 이루어집니다.

우리나라 상속법을 적용했을 때 사례에서 국가간 씨에게는 직계비속이 없어 직계존속인 국가간 씨의 부모와 배우자인 호잉 씨가 공동으로 상속 받게 됩니다. 상속분은 배우자가 5할이 더 많습니다. 즉 호잉 씨와 국가간 씨 부모의 상속분은 1.5(호잉) : 1(국가간의 부) : 1(국가간의 모)입니다. 호잉 씨의 상속분은 1.5/3.5, 분모와 분자에 2씩 곱해주면 3/7이 되고, 국가간 씨의 부모는 1/3.5, 즉 2/7씩이 됩니다. 따라서 상속재산 7억 원중 호잉 씨가 3/7인 3억 원을 상속 받고, 국가간 씨의 부모는 2/7인 2억 원씩 상속 받습니다.

  상속인의 국적은 묻지 않습니다. 호잉 씨가 아직 귀화 전이어서 국적이 베트남이라 하더라도 배우자 자격으로 상속을 받는데는 문제가 없습니다.

  하지만 만약 사례에서 호잉 씨가 먼저 사망하였다면, 베트남 법에 의해 상속이 이루어집니다. 참고로 베트남 법에 의하면 남편, 자녀, 부모가 평등하게 상속 받는다고 규정되어 있습니다. 이와 같은 사례에서는 남편인 국가간 씨와 베트남에 있는 호잉 씨의 부모가 평등하게 상속 받을 것입니다.

거액의 유산은 누가 차지할까요?

○ 판례 ○

대법원 2001.3.9. 선고 99다13157 판결

대습상속제도는 대습자의 상속에 대한 기대를 보호함으로써 공평을 꾀하고 생존 배우자의 생계를 보장하여 주려는 것이고, 또한 동시 사망 추정규정도 자연과학적으로 엄밀한 의미의 동시 사망은 상상하기 어려운 것이나 사망의 선후를 입증할 수 없는 경우 동시에 사망한 것으로 다루는 것이 결과에 있어 가장 공평하고 합리적이라는 데에 그 입법 취지가 있다. 만일 피대습자가 피상속인의 사망, 즉 상속개시와 동시에 사망한 것으로 추정되는 경우에만 그 직계비속 또는 배우자가 본위상속과 대습상속의 어느 쪽도 하지 못하게 된다면 동시사망 추정 이외의 경우에 비하여 현저히 불공평하고 불합리한 것이라 할 것이고, 이는 앞서 본 대습상속제도 및 동시사망 추정규정의 입법 취지에도 반하는 것이므로, 민법 제1001조의 '상속인이 될 직계비속이 상속개시 전에 사망한 경우'에는 '상속인이 될 직계비속이 상속개시와 동시에 사망한 것으로 추정되는 경우'도 포함하는 것으로 합목적적으로 해석하는 것이 합당하다.

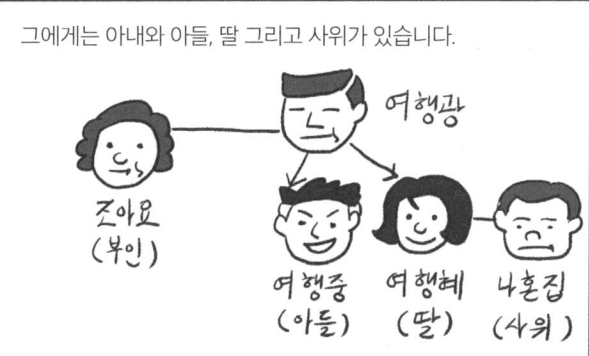

 **결론**

> 사위인 나혼집 씨가 대습상속을 받게 되어, 단독으로 상속인이 됩니다.

  20여 년 전에 세상을 떠들석하게 했던 비행기 추락사고를 연상케 하는 사례입니다. 물론 이런 일은 좀처럼 흔하지 않겠지요. 그럼 누가 상속을 받게 되는지 한번 살펴볼까요? 여행광 씨가 혼자 사망하였다면 1순위 상속인인 직계비속 여행중(아들) 씨, 여행혜(딸) 씨와 배우자인 조아요(부인) 씨가 상속 받았을 것입니다.

  그런데 사례에서 문제는 여행광 씨의 가족들이 함께 사망하였다는 것입니다. 이 경우도 죽음의 선후를 알 수 있다면 순차적으로 상속인을 정하여 최종 상속인을 확정할 수 있을 것입니다. 하지만 사안과 같이 죽음의 선후를 알 수 없는 경우는 동시에 사망한 것으로 추정합니다. 동시에 사망한 사람 사이에는 상속이 이루어지지 않습니다.

  여행광 씨의 형제자매들은 여행광 씨의 사망 당시 1순위 상속인인 직계비속, 2순위 상속인인 직계존속이 없기 때문에(또는 동시에 사망하였기 때문에) 3순위인 형제자매들인 자신들이 상속 받는다고 주장하였습니다.

사위인 나혼집 씨는 만약 여행광 씨가 먼저 사망한 후 여행혜 씨가 사망하였다면 여행혜 씨 상속 후 자신이 다시 상속을 받았을 것이고, 여행혜 씨가 먼저 사망한 후 여행광 씨가 사망하였다면 자신이 대습상속 받았을 것인데, 둘이 동시에 사망한 경우에만 자신이 상속 받지 못하는 것은 부당하다고 주장하였습니다.

대법원은 사위의 손을 들어주었습니다. 여행혜 씨가 여행광 씨보다 먼저 사망한 경우뿐만 아니라 둘이 동시에 사망한 경우에도 사위가 대습상속을 한다고 보는 것이 타당하다는 것입니다.

여행광 씨의 직계혈족도 아니고 성씨도 다른 사위가 거액의 유산을 단독상속하는 것이 공평한지 의문이 있을 수 있습니다. 그러나 형제자매의 상속은 직계혈족의 상속보다는 보호의 당위성이 적다고 볼 수 있습니다. 대습상속이 민법에서 인정되는 이상, 사안에서 사위가 단독상속한 것은 어쩔 수 없어 보입니다.

3장
얼마나 받을 수 있나요?

특별수익과 구체적 상속분은 어떻게 계산되나요?

법조문

민법 제1008조(특별수익자의 상속분)

공동상속인 중에 피상속인으로부터 재산의 증여 또는 유증을 받은 자가 있는 경우에 그 수증재산이 자기의 상속분에 달하지 못한 때에는 그 부족한 부분의 한도에서 상속분이 있다.

수증재산: 증여 또는 유증을 받은 재산

〈사례 1〉
배분한 씨의 가족으로는 두 아들과 딸이 있습니다.

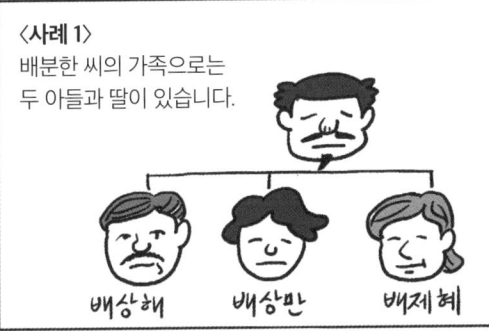

배분한 씨는 사망하기 얼마 전 배상해 씨에게 1억 원을 증여하였고 배상만 씨에게는 자신이 사망 후 1억 원을 주겠다는 유언을 남겼습니다.

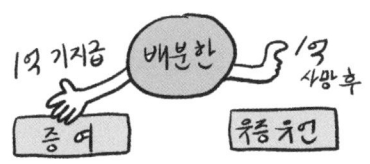

최종적으로 배분한 씨가 사망 당시 남긴 재산은 5억 원입니다.

상속인들의 구체적인 상속분은 어떻게 될까요?

〈사례 2〉
두 아들을 둔 남겨둔 씨.

그는 생전에 장남 남기만 씨에게 8억 원을 증여하였습니다.

얼마 후 사망하였는데 사망 시 남긴 상속재산은 2억 원입니다.

상속인들의 구체적인 상속분은 어떻게 될까요?

 **사례 1의 결론**

배상해, 배상만 씨의 구체적 상속분은 1억 원씩이고, 배제혜 씨의 구체적 상속분은 2억 원입니다.

피상속인으로부터 재산의 증여 또는 유증을 받은 상속인을 특별수익자라고 합니다. 특별수익자는 증여나 유증(유언에 의한 재산 증여) 받은 재산이 자기의 상속분에 부족한 경우에만 그 한도에서 상속을 받습니다. 예를 들어 사망 전에 증여에 의해 받은 재산이 3억 원이고 상속분이 5억 원 이라면 부족한 2억 원의 한도내에서만 상속을 받는 것을 말합니다.

이러한 특별수익을 고려하여 산정한 상속분을 '구체적 상속분'이라고 합니다. 구체적 상속분을 계산하는 공식은 다음과 같습니다.

[구체적 상속분의 산정]

상정상속재산	상속재산 + 공동상속인에 대한 생전증여
본래의 상속분	상정상속재산 × 법정상속분
구체적 상속분	본래의 상속분 - 특별수익

먼저 사례 1의 경우를 볼까요?

배상해 씨는 1억 원을 미리 증여 받았고, 배상만 씨는 1억 원을 유언으로 유증 받았습니다. 배상해, 배상만 씨는 증여나 유증을 받았기 때문에 증여나 유증을 받은 재산이 자기의 상속분에 부족한 경우에만 추가로 상속을 받게 됩니다.

상정상속재산	5억 원 + 1억 원(배상만에 대한 생전증여) = 6억 원
본래의 상속분	배상해, 배상만, 배제혜 = 6억 × 1/3 = 2억 원
구체적 상속분	배상해 = 2억 - 1억(증여 받은 금액) = 1억
	배상만 = 2억 - 1억(유증 받은 금액) = 1억
	배제혜 = 2억

배상해와 배상만 씨는 자신들의 상속분에서 증여, 유증 받은 1억 원을 공제한 1억 원씩을 구체적 상속분으로 받게 되고, 배제혜 씨는 증여, 유증 받은 것이 없기 때문에 2억 원을 구체적 상속분으로 상속 받습니다.

결국 배상해 씨는 1억 증여, 1억 상속, 배상만 씨는 1억 유증, 1억 상속, 배제혜 씨는 2억을 상속 받게 되어 공평하게 됩니다. 이와 같이 구체적 상속분은 특별수익자가 받은 증여나 유증을 상속분의 선급으로 다루어 공동상속인들 사이의 공평을 기하기 위한 것입니다.

사례 2의 결론

남기만 씨의 구체적 상속분은 0원이고, 남주만 씨의 구체적 상속분은 2억 원입니다.

다음으로 사례 2를 계산해볼까요?

남기만 씨는 8억 원을 미리 증여 받았으므로 증여 받은 재산이 자기의 상속분에 부족한 경우에만 추가로 상속을 받을 수 있습니다.

상정상속재산	2억 원 + 8억 원(증여) = 10억 원
본래의 상속분	남기만 = 10억 × 1/2 = 5억 원
	남주만 = 10억 × 1/2 = 5억 원
구체적 상속분	남기만 = 5억 - 8억(증여) = - 3억
	남주만 = 5억

그런데 계산을 해보면 남기만 씨의 구체적 상속분은 마이너스가 됩니다. 마이너스의 의미는 원래 받을 수 있는 상속분보다 초과해서 증여나 유증을 받았다는 것입니다. 즉 남기만 씨는 증여를

통해 상속분을 초과하는 특별수익을 얻었다는 것이죠.

구체적 상속분은 최대 0까지 가능하기 때문에 마이너스가 나오면 그 상속인은 제외하고 다시 구체적 상속분을 계산합니다.

따라서 증여금액 8억 원을 제외하고 다시 구체적 상속분을 계산해 보면 다음과 같습니다.

상정상속재산	2억
본래의 상속분	남주만 = 단독상속 2억
구체적 상속분	남주만 = 2억

남기만 씨는 자신이 원래 받을 수 있는 상속분 5억 원보다도 초과해서 8억 원을 증여 받았기 때문에 구체적 상속분은 0원이고, 남주만씨가 2억 원을 모두 상속 받게 됩니다. 남주만은 2억 원을 상속 받더라도 원래 받을 수 있었던 상속분 5억 원에 한참 못 미치고, 상속분의 1/2인 유류분에도 부족하기 때문에 남기만 씨에게 뒤에서 살펴볼 유류분을 청구할 수 있습니다.

배우자가 받은 증여도 특별수익으로 보아야 하나요?

판례

대법원 2011. 12. 8. 선고 2010다66644 판결 [유류분반환]

갑이 을과 사이에 딸 병 등과 아들 정을 두고 을의 사망 시까지 43년 4개월 남짓의 혼인생활을 유지해 오다가 을의 사망 7년 전에 을에게서 부동산을 생전 증여 받은 사안에서, 을이 부동산을 갑에게 생전 증여한 데에는 갑이 을의 처로서 평생을 함께하면서 재산의 형성·유지 과정에서 기울인 노력과 기여에 대한 보상 내지 평가, 청산, 부양 의무 이행 등의 취지가 포함되어 있다고 볼 여지가 충분하고, 이를 반드시 공동상속인 중 1인에 지나지 않는 갑에 대한 상속분의 선급이라고 볼 것만은 아니다.

자녀들보다 유독 아내만을 더 위하는 부인만 씨,

그는 사망 7년 전에 자신의 전 재산인 토지와 건물을 43년 동안 결혼생활을 한 아내 최수혜 씨에게 증여하였습니다.

부인만 씨가 사망 시 그에게 남은 재산은 아무 것도 없었습니다.

부인만 씨의 딸 부정해, 부정은 씨는 어머니를 상대로 소송을 제기하였습니다.

그녀들은 최수혜 씨가 부인만 씨의 전 재산을 증여 받은 것은 상속분을 먼저 받은 특별수익에 해당한다고 주장하며,

자신들의 상속분인 2/9의 절반인 1/9 상당의 유류분반청구를 한 것입니다.

그녀들의 청구는 인정될까요?

⚖️ 결론

최수혜 씨가 증여 받은 재산의 전부 또는 일부는 특별수익에서 제외되어야 합니다. 따라서 딸들의 유류분 청구는 인정되지 않거나 인정되더라도 일부만 인정될 것입니다.

피상속인이 사망하기 전에 상속인 중 1명에게 재산을 증여 또는 유증한 것이 있다면 이를 특별수익이라 합니다. 특별수익은 상속분의 선급, 즉 상속을 미리 해준 것으로 봅니다. 따라서 특별수익을 받은 상속인은 이를 고려하여 상속을 받게 됩니다. 그리고 특별수익은 유류분반환의 대상이 됩니다. 직계비속의 경우 상속분의 1/2을 유류분으로 보장 받을 수 있습니다.

사안에서 딸들인 부정해, 부정은 씨는 최수혜 씨가 증여 받은 것이 상속분의 선급이라고 주장합니다. 즉 특별수익에 해당하므로, 자신들의 유류분 상당액을 반환할 것을 청구한 것입니다. 아마도 딸들은 어머니인 최수혜 씨가 증여 받은 재산을 아들인 부재중 씨에게 모두 줄 것을 우려하여 어머니를 상대로 소송을 제기한 것으로 생각됩니다.

대법원은 증여가 특별수익에 해당하는지는 상속인에게 그의 몫의 일부를 미리 주는 것으로 보는지에 의해 판단한다는 입장입니다. 사례의 경우 최수혜 씨는 부인만 씨의 아내로서 평생 함께 했고, 재산 형성에 기여하였으며, 자녀들을 함께 키웠습니다. 따라서 최수혜 씨에 대한 증여를 상속분의 선급으로만 보기는 어렵습니다. 공동으로 노력한 재산에 대한 청산의 의미가 배우자의 기여나 노력에 대한 보상의 의미도 있을 것이며, 배우자 여생에 대한 부양 의무를 다한다는 의미가 있을 것입니다. 따라서 아내에 대한 증여는 특별수익으로 인정되지 않거나, 일부만 특별수익으로 인정됩니다.

우리나라의 경우 외국의 입법례와 비교하여 배우자의 상속분이 너무 적다는 비판이 있고(10번 사례 참고), 부부가 이혼할 때 재산분할로 절반 가량을 받을 수 있는 것과 비교해도 배우자의 상속분은 너무 적습니다. 그나마 대법원이 배우자에게 생전 증여한 경우, 상당 범위에서는 특별수익에 해당하지 않는다고 판단한 것은 실질적으로 배우자의 상속분을 어느 정도 보장해준 것이어서 매우 의미 있는 판결이라 생각합니다.

남편 병간호를 한 아내는 기여분을 인정 받을 수 있을까요?

> 판례

대법원 2019. 11. 21.자 2014스44, 2014스45 전원합의체 결정 [상속재산분할]

갑이 병환에 있을 때 정이 갑을 간호한 사실은 인정할 수 있으나, 기여분을 인정할 정도로 통상의 부양을 넘어서는 수준의 간호를 할 수 있는 건강 상태가 아니었고, 통상 부부로서 부양 의무를 이행한 정도에 불과하여 정이 처로서 통상 기대되는 정도를 넘어 법정상속분을 수정함으로써 공동상속인들 사이의 실질적 공평을 도모하여야 할 정도로 갑을 특별히 부양하였다거나 갑의 재산 유지·증가에 특별히 기여하였다고 인정하기에 부족하다는 이유로 정의 기여분 결정 청구를 배척한 원심판단에는 민법 제1008조의 2에서 정한 기여분 인정 요건에 관한 법리오해 등의 잘못이 없다고 한 사례.

이렇듯 평범하지 않은 삶을 살아온 양다리 씨는 어느 날 암에 걸려 5년간 통원 치료와 10회에 걸쳐 입원과 수술을 받았습니다.

결국 그가 사망할 때까지 지극정 씨가 곁에서 간호를 하였고, 모든 생활과 진료·간병비는 양다리 씨의 수입과 재산에서 충당했습니다.

양다리 씨가 사망한 후 자녀 갑, 을이 지극정 씨와 그녀의 자녀 병, 정을 상대로 '상속재산분할'을 청구하자 지극정 씨는 자신이 양다리 씨를 상당 기간 간호하였으므로 상속에 있어 자신에게도 특별한 기여가 있다고 주장하며 법원에 '기여분 결정'을 청구하였습니다.

지극정 씨의 청구는 인정될까요?

결론
지극정 씨가 양다리 씨를 간호한 것은 통상 부부로서의 부양 의무를 이행한 정도에 불과한 것이어서 기여분은 인정되기 어렵습니다.

기여분을 인정받기 위해서는 특별한 기여가 있어야 합니다. 가족관계에서 보통 일반적인 부양 의무의 수행은 기여분으로 인정받기 어렵습니다. 판례는 기여분을 인정하기 위해서는 상속분을 조정할 필요가 있을 만큼 피상속인을 특별히 부양하였다거나 피상속인의 상속재산의 유지 또는 증가에 특별히 기여하였다는 사실이 인정되어야 한다는 입장입니다.

사례의 경우 대법원은 지극정 씨가 양다리 씨를 간호하기는 하였으나 통상 부부로서 부양 의무를 이행한 정도이고, 상속분을 수정하여 지극정 씨에게 기여분을 인정할 필요가 있을 정도는 아니라고 판단하였습니다. 사례의 경우 ① 지극정 씨가 생전에 상당한 재산을 증여 받은 사실, ② 지극정 씨가 암수술을 받게 되어 양다리 씨 사망 2~3개월 전부터는 간호를 할 수 없었던 점도 판결에 참작이 되었습니다.

부부는 부부로서 서로 부양할 의무가 있습니다. 부부간의 부양 의무는 혼인관계의 본질적 의무로서 부양 받을 자의 생활을 부양 의무자의 생활과 같은 정도로 보장하여 부부공동생활의 유지를 가능하게 하는 것을 내용으로 하는 제1차 부양 의무입니다.

반면 부모가 성년의 자녀를 부양하거나, 자녀가 부모를 부양하는 경우는 제2차 부양 의무입니다. 이 경우 부양 의무자는 자기의 사회적 지위에 상응하는 생활을 하면서 생활에 여유가 있음을 전제로 하여 부양 받을 자가 자력 또는 근로에 의하여 생활을 유지할 수 없는 경우에 한하여 그의 생활을 지원하는 것을 내용으로 합니다.

이와 같이 부부에게는 1차적 부양 의무가 있기 때문에, 기여분이 인정되기 위해서는 그보다 더한 부양을 했음을 입증해야 합니다. 이러한 이유로 현실에서는 부부간의 일반적인 부양이나 간호만으로는 기여분을 인정받기 어려울 수 있습니다.

4장
가족의 평화를 지키는 현명한 상속재산분할

상속재산분할협의에
상속인 중 1명이 참여하지 않았다면

***************** 판례 *****************

대법원 2010. 2. 25. 선고 2008다96963,96970 판결

상속재산의 협의분할은 공동상속인 간의 일종의 계약으로서 공동상속인 전원이 참여하여야 하고 일부 상속인만으로 한 협의분할은 무효라고 할 것이나, 반드시 한 자리에서 이루어질 필요는 없고 순차적으로 이루어질 수도 있으며, 상속인 중 한 사람이 만든 분할 원안을 다른 상속인이 후에 돌아가며 승인하여도 무방하다.

노동력 씨는 회사를 설립하여 건실한 기업으로 성장시킨 건설사 사장입니다.

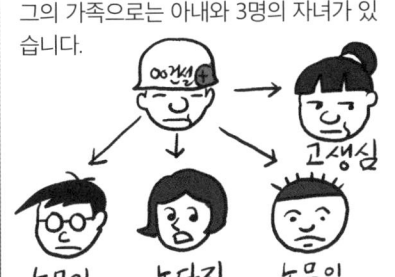
그의 가족으로는 아내와 3명의 자녀가 있습니다.

그러나 그는 직장암으로 투병하게 되고

유언장과 막대한 주식을 남기고 3개월 만에 사망합니다.

노동력 씨가 사망 후 2개월이 지난 시점에서 막내 노무인 씨가 빠진 가운데 아내 고생심 씨와 장남 노무기 씨, 딸 노다지 씨가 모여 다음과 같이 합의합니다.

노동력 씨가 소유한 주식을 누가 차지하느냐가 핫이슈가 되었습니다.

그런데 막상 유언장을 공개해보니 노동력 씨가 자필로 작성한 날인 없는 유언장에는 다음과 같이 적혀 있었습니다.

자녀들의 서운함은 이루 말할 수가 없었습니다. 자, 노동력 씨의 유언대로 아내 고생심 씨가 모든 주식을 취득할 수 있을까요?

 **결론**

> 노동력 씨의 자필증서에 의한 유언은 날인이 없어 무효입니다. 고생심, 노무기, 노다지 씨가 모여 노동력 씨 유언의 내용을 무조건 따르기로 한 합의는 상속재산분할협의로 볼 수 있는데, 상속인 중 노무인 씨가 참여하지 않았기 때문에 효력이 없습니다. 따라서 노동력 씨의 유언대로 그가 소유하던 주식을 모두 고생심 씨가 취득하기는 어렵고 상속분에 따라 상속이 이루어집니다.

공동상속인들 사이에서 상속재산분할을 둘러싸고 상속 분쟁이 많은 현실입니다.

사례에서 노동력 씨 유언장은 자필증서에 의한 것인데, 날인이 누락되어 있어 유언으로써 효력이 없습니다(37번 사례 참고).

그런데 상속인들이 노동력 씨의 유언대로 상속재산을 분할하기로 합의를 한다면 그러한 상속재산분할협의는 유효합니다. 상속재산분할협의에 의해 노동력 씨의 마지막 뜻을 따를 수 있는 것입니다.

하지만 상속재산분할협의는 전제조건으로 공동상속인 전원의 참여가 필요합니다. 상속인 중 1명이라도 불참했다면 상속재산분할협의는 무효입니다. 이러한 상속재산분할협의는 반드시 한 자리에서 합의가 이루어질 필요는 없고 순차적으로 이루어질 수도 있으며, 상속인 중 한 사람이 만든 합의안을 다른 상속인이 돌아가며 승인하여도 무방합니다. 전원의 합의가 있었는지가 중요한 것이죠.

사안의 경우 노동력 씨의 유언에 무조건 따르기로 상속인들이 합의하였으나, 이 합의에 상속인 중 1명인 노무인 씨가 참여하지 않았기 때문에 상속재산분할협의 자체가 성립이 안 됩니다. 따라서 노동력 씨가 소유했던 주식은 상속분에 따라 상속인들에게 상속됩니다.

앞으로 이러한 상속 분쟁은 더욱 증가할 것으로 생각됩니다. 어찌 되었든 상속재산분할협의는 상속인 중 누구 1명도 소외되지 않도록 이해관계를 잘 조정하여 합의해야 합니다. 그러기 위해서는 가족들이 서로를 깊이 이해하고 배려하는 마음, 그리고 어느 정도 양보할 수 있는 자세가 필요할 것입니다.

금전채권과 채무도 상속재산분할의 대상이 되나요?

민법 제1013조(협의에 의한 분할)

① 전조의 경우 외에는 공동상속인은 언제든지 그 협의에 의하여 상속재산을 분할할 수 있다.

⚖️ 결론

A은행에 예금된 예금채권에 대한 장보리 씨의 상속재산분할심판청구는 인정될 수 있습니다. 그러나 B은행에 대한 채무는 장만석과 장보리 씨에게 1억 원씩 상속됩니다.

참고판례: 대법원 2016. 5. 4.자 2014스122 결정

무엇이든 공평하게 나누고 분배하는 게 중요한 것 같습니다. 먼저 상속재산분할의 대상이 되는 재산인지가 문제되는 금전채권과 금전채무에 대해 살펴보도록 하겠습니다.

금전채무와 같은 가분채무(나눌 수 있는 채무를 의미)는 상속과 동시에 법정상속분에 따라 공동상속인에게 분할되어 상속되므로, 상속재산 분할의 대상이 될 여지가 없습니다. 사례의 경우 B은행에 대한 채무 2억 원은 장만석, 장보리 씨가 법정상속분인 1/2씩, 즉 1억 원씩 상속 받게 됩니다. 따라서 장보리 씨의 B은행 채무에 대한 상속재산분할심판청구는 인정되기 어렵습니다.

그러면 금전채권과 같은 가분채권(나눌 수 있는 채권을 의미)은 어떨까요? 가분채권도 상속과 동시에 당연히 법정상속분에 따라 공

동상속인들에게 분할되어 상속되므로 상속재산분할의 대상이 될 수 없는 것이 원칙입니다.

다시 말하면 가분채권은 자동상속이 이루어지는 개념이라고 보면 됩니다. 상속재산분할심판청구까지 갈 필요가 없는 것이지요.

원칙은 이렇지만 예외의 경우도 있습니다.

사례와 같이 장남선 씨가 상속재산으로 예금채권만 남기고 사망한 경우 예금채권이 법정상속분에 따라 상속된다고 하면, 장만석 씨는 이미 4억 원을 증여 받았음에도 2억 원의 예금채권을 추가로 상속 받게 되고, 장보리 씨는 2억 원만 상속 받게 됩니다.

대법원은 이러한 점을 고려하여 특별한 사정이 있는 때는 가분채권도 예외적으로 상속재산분할의 대상이 될 수 있다는 입장입니다. 상속재산분할을 통하여 공동상속인들 사이에 형평을 기할 필요가 있기 때문입니다.

사례와 같이 상속재산으로 예금채권만 있는 경우에, 장만석 씨와 같이 사전증여 받은 상속인이 있는 경우 다른 상속인(사례에서는 장보리 씨)은 예금채권에 대해서도 상속재산분할심판청구를 할 수 있습니다. 상속재산분할 재판에서는 장만석 씨가 이미 6억 원을 상속 받았으므로, A은행에 예금된 4억 원의 예금채권은 장보리 씨가 가지는 것으로 상속재산분할이 될 가능성이 높습니다.

상속재산분할협의를 해제하고 새로운 협의를 하였을 때의 효과는?

✦✦✦✦✦✦✦✦✦✦✦✦✦✦✦ 법조문 ✦✦✦✦✦✦✦✦✦✦✦✦✦✦✦

민법 제548조(해제의 효과, 원상회복의무)

① 당사자 일방이 계약을 해제한 때에는 각 당사자는 그 상대방에 대하여 원상회복의 의무가 있다. 그러나 제삼자의 권리를 해하지 못한다.

세 자녀의 어머니 오헌신 씨가 사망하자 장남 명이득 씨는 동생들의 동의 없이 어머니 명의로 남아 있던 A토지에 저당권을 설정하고 은행으로부터 돈을 빌렸습니다.

그러나 곧 자신의 잘못을 인정하고 동생들을 설득하여 토지 명의를 자신의 것으로 하고 상속재산분할을 하기로 협의하였습니다.

하지만 상속세와 상속채무가 있다는 것을 안 동생들의 요구로 분할 협의를 하고 한 달 정도 지나 명이득 씨가 이를 변제하는 것으로 추가 협의 하였습니다.

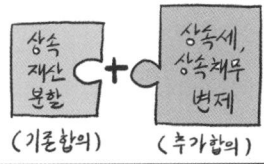

하지만 명이득 씨는 약속한 기한 내에 상속세, 상속채무를 변제하지 못하고 맙니다.

이에 따라 동생들은 상속재산 분할협의가 무효로 되었기에 자신들의 동의 없이 은행에 저당권을 설정한 것도 무효라고 주장합니다.

명부석, 명혼란 씨는 소송에서 승소할까요?

⚖️ 결론

세 형제가 A토지는 장남인 명이득 씨가 단독소유하기로 합의하였기 때문에 은행의 저당권설정은 유효하게 되었습니다. 따라서 이후의 사정을 들어 은행의 권리를 해할 수는 없습니다. 명부석, 명혼란 씨는 소송에서 승소하기 어렵습니다.

참고판례: 대법원 2004. 7. 8. 선고 2002다73203 판결

A토지는 명이득, 명부석, 명혼란 씨가 공동으로 상속한 것인데, 명이득 씨가 단독으로 근저당권을 설정한 것은 잘못입니다. 명부석, 명혼란 씨의 상속분에 관해서는 무효인 것이죠. 그런데 세 형제가 A토지를 명이득 씨 단독소유로 하는 것으로 상속재산분할협의를 하였습니다. 이러한 상속재산분할협의는 유효하고, A토지는 상속 시부터 명이득 씨 단독소유였던 것이 됩니다. 따라서 은행이 근저당권설정등기를 한 것 역시 유효한 것으로 됩니다. 무효였던 근저당권이 상속재산분할협의에 의해 유효가 된 것입니다.

그런데 상속재산분할협의를 한 이후에 명이득 씨가 상속세, 상

속관련 채무를 모두 변제하는 것을 추가합의를 한 것은 당초의 분할협의를 합의해제하고 새로운 분할협의를 한 것으로 볼 수 있습니다. 그런데 명이득 씨가 추가합의한 약속을 지키지 못함으로서 새로운 분할 협의는 무효가 되고 말았습니다. 결국 세 형제 사이에는 상속재산분할협의가 없었던 것으로 되고, A토지도 명이득 씨 단독소유가 아니라 세 형제가 공동상속한 것으로 간주됩니다.

하지만 여기서 또 반전이 일어납니다. 세 형제가 상속재산분할협의를 해제하고 새로운 협의를 하더라도 은행의 권리를 해하지는 못합니다. 은행은 상속재산분할협의가 합의 해제되기 전에 이미 이해관계를 가진 자이기 때문에 새로운 분할협의를 내세우는 것만으로는 대항할 수 없습니다. 따라서 명부석, 명혼란 씨는 은행을 상대로 말소등기를 청구할 수는 없습니다.

물론, 상속재산분할협의는 상속인 전부의 합의로 해제하고 다시 상속재산분할협의를 할 수 있습니다. 그러나 그 분할협의가 해제되기 전에 이해관계를 맺은 3자가 있다면 그 제3자의 권리를 해할 수 없다는 사실을 유념해야 합니다.

미성년자의 상속재산분할협의는 어떻게 해야 하나요?

○ 법조문 ○

민법 제921조(친권자와 그 자 간 또는 수인의 자 간의 이해상반행위)

① 법정대리인인 친권자와 그 자(子) 사이에 이해상반되는 행위를 함에는 친권자는 법원에 그 자의 특별대리인의 선임을 청구하여야 한다.
② 법정대리인인 친권자가 그 친권에 따르는 수인의 자(子) 사이에 이해상반되는 행위를 함에는 법원에 그 자 일방의 특별대리인의 선임을 청구하여야 한다.

조기사 씨의 가족관계는 다음과 같습니다.

아버지 조기사 씨가 사망 후 2년이 지나 그의 아들 조일직 씨도 사망하고 맙니다.

조기사 씨가 남긴 재산으로 상당한 금액의 토지가 있습니다.

고지순, 조부여, 김순종, 세 사람이 모여 의논을 한 끝에, 조기사 씨의 유산을 딸 조부여 씨의 단독소유로 하기로 합의하고 이에 3명은 '상속재산분할협의'에 동의합니다.

당시 미성년자인 조미성 씨는 친모인 김순종 씨가 친권자로서 대리하게 되었습니다.

그런데 세월이 지나 성년이 된 조미성 씨는 그날 이루어진 상속재산분할협의가 무효라고 주장하며 조부여 씨를 상대로 자신의 상속 지분 상당의 말소등기청구소송을 제기합니다.

과연 조미성 씨는 재판에서 승소할 수 있을까요?

 **결론**

김순종 씨가 조미성 씨를 대리한 상속재산분할협의는 이해상반행위에 해당하여 무효입니다. 따라서 조미성 씨는 자신의 상속분(4/35) 범위에서 조부여 씨를 상대로 말소등기청구 소송을 제기할 수 있습니다.

조기사 씨의 사망으로 고지순(아내), 조일직(아들), 조부여(딸) 씨가 상속받습니다. 고지순, 조일직, 조부여 씨의 상속분은 각 1.5 : 1 : 1 입니다. 따라서 고지순 씨는 3/7, 조일직, 조부여 씨는 각 2/7씩 상속 받습니다.

이후 조일직 씨가 사망하였기 때문에 그의 상속분 2/7를 김순종과 조미성 씨가 1.5 : 1 비율, 즉 3/5, 2/5씩 다시 상속받았습니다. 따라서 김순종 씨가 6/35(= 2/7 × 3/5), 조미성 씨가 4/35(= 2/7 × 2/5)을 상속 합니다. 보기 쉽게 도식화하면 다음과 같습니다.

조기사 씨가 남긴 재산에 대한 상속인들은 재산분할 협의를 할 수 있습니다. 그런데 이러한 상속재산분할은 상속인 전부의 합

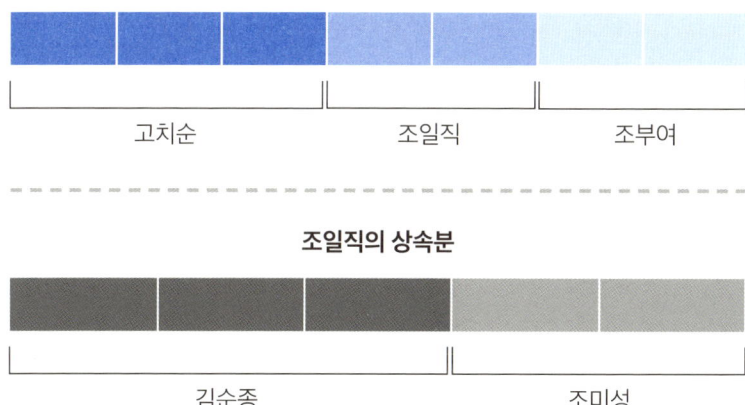

의하에 이루어져야 한다는 것을 앞에서도 다루었죠?

그런데 한 가지 변수가 발생합니다. 조미성 씨가 상속재산분할협의 당시에 미성년자였다는 것이죠. 보통 미성년자의 법률행위는 친권자가 대신하는 것이 원칙입니다. 그런데 친권자와 미성년자의 이해가 대립되는 법률행위(이해상반행위라 함)는 친권자가 대리할 수 없고, 미성년자의 특별대리인을 선임하여 특별대리인이 대리하도록 하고 있습니다.

상속재산분할협의는 행위의 성질상 이해상반행위에 해당한다고 보는 것이 판례의 입장입니다. 상속재산분할협의의 특성상 친권자에게 유리하게 상속재산을 분할하면 미성년자에게 당연히 불리해지기 때문에 이해가 상반되는 행위일 수밖에 없죠. 따라서 사례의 상속재산분할협의는 친권자가 미성년자를 대리할 수 없고, 법원에 특별대리인 선임신청을 해서, 특별대리인이 지정되면 그 특별대리인이 대리해야 합니다.

 사안의 경우 친권자인 김순종 씨가 미성년자인 조미성 씨를 대리하여 상속재산분할협의를 한 것은 무효입니다. 따라서 조미성 씨는 상속재산분할협의의 무효를 주장하며 자신의 상속지분인 4/35 지분 범위에서 조부여 씨를 상대로 말소등기청구소송을 제기할 수 있습니다. 다만 조부여 씨 앞으로 등기가 되고 10년 내에 소송을 제기해야 한다는 제한이 있습니다.

 친권자가 미성년인 자녀를 대리하는 것이 보통이지만, 상속재산분할협의 같은 이해상반행위의 경우는 친권자가 아닌 특별대리인이 미성년자를 대리한다는 점을 유의하여야 합니다. 그리고 미성년인 자녀가 여러 명이라면 그 자녀 각자마다 특별대리인을 선임하여야 하는 점도 알아두세요.

대법원 1993. 4. 13. 선고 92다54524 판결 [부당이득금반환]

공동상속재산분할협의는 행위의 객관적 성질상 상속인 상호간에 이해의 대립이 생길 우려가 있는 행위라고 할 것이므로 공동상속인인 친권자와 미성년인 수인의 자 사이에 상속재산분할협의를 하게 되는 경우에는 미성년자 각자마다 특별대리인을 선임하여 각 특별대리인이 각 미성년자인 자를 대리하여 상속재산분할의 협의를 하여야 한다.

빌딩에서 발생한 차임은 누가 차지할까요?

○ 법조문 ○

민법 제1015조(분할의 소급효)
상속재산의 분할은 상속개시된 때에 소급하여 그 효력이 있다. 그러나 제삼자의 권리를 해하지 못한다.

고가불 씨는 3형제를 두었습니다. 그러나 오직 장남인 고가불 씨만 챙기는 고가층 씨,

결국 생전에 10억 원을 장남에게 증여합니다.

그러고는 10억 상당의 빌딩 두 채를 남기고 사망합니다.

아들들은 상속재산분할협의를 하였으나 협의가 이루어지지 않습니다.

결국 고가집 씨가 법원에 상속재산분할심판을 청구하여 법원으로부터 확정 판결을 받게 됩니다.

고가불 씨는 아버지가 사망한 이후부터 상속재산분할심판 확정 시까지 고가집, 고가옥 씨가 각 빌딩에서 수령한 차임(임대수익) 중 법정상속분의 1/3 범위는 자신에게도 권리가 있다고 주장하며 부당이득반환청구를 하였습니다.

동생들은 반발합니다.

과연 고가불 씨의 청구가 법원에서 받아들여질까요?

> ⚖️ **결론**
>
> 빌딩에서 발생한 차임은 상속 개시 당시를 기준으로 상속인들이 '구체적 상속분' 비율에 따라 취득합니다. 그런데 고가불 씨의 구체적 상속분이 0이기에 고가불 씨의 동생들에 대한 부당이득반환 청구는 인정되지 않습니다.

상속재산을 분할하면 상속인은 분할 받은 재산을 상속 개시된 때부터 단독소유한 것으로 봅니다. 사례에서 형제인 고가집, 고가옥 씨는 고가층 씨가 사망한 때부터 각 빌딩을 단독소유한 것으로 보는 것입니다.

그런데 빌딩에서 발생한 차임(빌딩 임대료 등)까지 빌딩을 단독 소유하게 된 상속인이 당연히 차지하게 되는지가 문제된 사안입니다. 판례에 의하면 두 빌딩에서 발생한 차임까지 당연히 둘의 차지가 되는 것은 아닙니다. 상속재산으로부터 발생하는 과실(사례에서는 차임)은 상속 개시 당시에는 존재하지 않았던 것이어서 원칙적으로는 상속재산 분할의 대상이 아니기 때문입니다.

그러면 상속재산에서 발생하는 과실은 누가 차지할까요? 이에 대해서는 상속인들이 법정상속분에 따라 취득한다는 견해도 있습니다. 이 견해에 의하면 고가불 씨는 법정상속분이 1/3이기 때문에 고가집, 고가옥 씨에 대하여 1/3 범위에서 차임을 지급해 달라고 청구할 수 있습니다.

하지만 대법원은 법정상속분이 아니라 '구체적 상속분'의 비율에 따라 상속인들이 취득한다는 입장입니다.

사안의 경우 구체적 상속분을 계산하면 다음과 같습니다.

상정상속재산	20억 원(빌딩 두 채) + 10억 원(고가불에게 사전증여한 금액) = 30억 원
본래의 상속분	고가불, 고가집, 고가옥 = 30억 × 1/3 = 10억 원
구체적 상속분	고가불 = 10억 - 10억(증여) = 0
	고가집 = 10억
	고가옥 = 10억

고가불 씨의 구체적 상속분은 0이기 때문에 두 빌딩에 대한 차임에 있어서 고가불 씨의 몫은 없습니다. 따라서 고가집, 고가옥 씨에 대하여 부당이득반환을 청구할 수 없습니다. 상속재산에서 발생한 과실, 사례에서는 빌딩에서 발생한 차임까지도 분쟁의 대상이 되니 물욕은 끝이 없는 것 같아 씁쓸해집니다.

혼외자가 아버지 사망 후 아들로 인정된 경우 상속은 어떻게 되나요?

○ 법조문 ○

민법 제1014조(분할 후의 피인지자 등의 청구권)

상속 개시 후의 인지 또는 재판의 확정에 의하여 공동상속인이 된 자가 상속재산의 분할을 청구할 경우에 다른 공동상속인이 이미 분할 기타 처분을 한 때에는 그 상속분에 상당한 가액의 지급을 청구할 권리가 있다.

두 자녀의 아버지 엄밀한 씨는 사망 시 상속재산으로 A부동산을 남겼는데,

두 자녀는 이 부동산을 1/2씩 상속 등기를 한 후 외부인에게 이를 4억 원에 처분하여 나누어 가졌습니다.

그런데 엄밀한 씨는 생존 시 나여시 씨와 잠시 외도를 한 적이 있었는데 그 사이에 혼외자가 태어났습니다.

엄밀한 씨 사망 후 나길동 씨는 자신이 엄밀한 씨의 아들임을 주장하며 인지청구소송을 제기하였고 승소하였습니다.

이후 나길동 씨는 엄중한, 엄청난 씨를 상대로 상속분에 상당한 금액의 지급을 청구하였습니다.

한편 나길동 씨가 본 소송을 제기하고 종결될 무렵에는 A부동산의 시가가 2억 원 상승한 상태였습니다.

그렇다면 나길동 씨는 엄중한, 엄청난 씨에게 얼마를 청구할 수 있을까요?

 **결론**

나길동 씨는 자기의 법정상속분인 1/3 지분에 상당한 가액(금액)의 지급을 청구할 수 있습니다. 이때 가액은 엄중한, 엄청난 씨가 처분할 당시 가액인 4억 원이 아니라 소송이 종결될 당시(변론 종결 시라 함)인 6억 원을 기준으로 합니다. 따라서 나길동 씨는 엄중한, 엄청난 씨에게 1억 원씩 합계 2억 원을 청구할 수 있습니다.

참고판례: 대법원 2002. 11. 26. 선고 2002므1398 판결

사례와 같이 피상속인이 사망한 이후 혼외자가 인지판결(자녀가 부(父) 또는 모(母)를 상대로 소송을 제기하여 자신이 자녀임을 확인받는 판결을 말함)을 받아 아들로 인정 받는 경우가 있습니다.

그런데 혼외자가 인지판결에 의해 아들로 인정되기 전에 이미 다른 상속인들이 상속재산을 분할하였거나 처분하였다면 어떻게 될까요? 이 경우 혼외자는 상속분할이나 처분의 무효를 주장하지는 못하고, 자신의 상속분에 상당한 금액의 지급만 청구할 수 있습니다. 즉 상속분할이나 처분 자체를 뒤집지는 못하고 자신의 상속분만 챙길 수 있다는 것이죠. 따라서 사례에서 엄중한

과 엄청난 씨가 상속재산분할을 하고 외부인에게 처분한 것은 유효합니다.

나길동 씨는 자기의 1/3 상속지분에 상당한 금액의 반환을 청구할 수 있습니다. 그런데 상속재산인 부동산의 시가가 엄중한, 엄청난 씨의 처분당시는 4억 원이었는데, 재판이 종결할 당시는 6억 원으로 상승하였습니다. 이 경우 판례는 나길동 씨가 제기한 소송의 종결 당시 시가에 의하여야 한다는 입장입니다. 따라서 나길동 씨는 최근의 시가인 소송 종결 당시 가액 6억 원 중에서 자기의 상속지분 1/3인 2억 원을 청구할 수 있습니다.

엄중한, 엄청난 씨는 나길동 씨의 존재를 모르고 부동산을 처분하였다 하더라도 마찬가지입니다.

생모 사망 후 아들로 인정된 경우 상속은 어떻게 되나요?

○ 판례 ○

대법원 2018. 6. 19 선고 2018다1049 판결 소유권이전등기말소

혼인 외의 출생자와 생모 사이에는 생모의 인지나 출생신고를 기다리지 아니하고 자의 출생으로 당연히 법률상의 친자관계가 생기고, 가족관계등록부의 기재나 법원의 친생자관계존재확인판결이 있어야만 이를 인정할 수 있는 것이 아니다. 따라서 인지를 요하지 아니하는 모자관계에는 인지의 소급효 제한에 관한 민법 제860조 단서가 적용 또는 유추적용되지 아니하며, 상속 개시 후의 인지 또는 재판의 확정에 의하여 공동상속인이 된 자의 가액지급청구권을 규정한 민법 제1014조를 근거로 자가 모의 다른 공동상속인이 한 상속재산에 대한 분할 또는 처분의 효력을 부인하지 못한다고 볼 수도 없다. 이는 비록 다른 공동상속인이 이미 상속재산을 분할 또는 처분한 이후에 모자관계가 친생자관계존재확인판결의 확정 등으로 비로소 명백히 밝혀졌다 하더라도 마찬가지이다.

정주고 여사는 송일편 씨와 결혼을 하였고 아들 송장남 씨를 가졌습니다.

그 후 정주고 씨는 이혼을 하였고

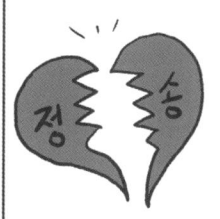

한대체 씨를 만나 사실혼 관계를 유지하고 살았습니다.

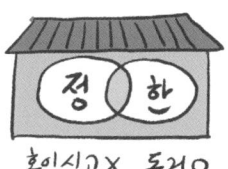

게다가 혼외자로 아들 정주세 씨를 출산하였습니다.

정주세 씨가 중년이 되었을 때 정주고 여사는 사망하였고 상속재산으로 'X부동산'을 남겼습니다.

정주고 여사와 전남편 사이의 아들 송장남 씨는 상속을 원인으로 하여 X부동산에 대한 소유권 이전을 마친 후, 이를 다시 여타인 씨에게 매도하고 소유권 이전등기까지 마쳐주었습니다.

그러나 혼외자 정주세 씨가 자신이 정주고 씨의 친자라고 주장하며 '친생자관계존재확인' 소송을 제기하여 승소 판결을 받았습니다.

여기에 더하여 정주세 씨는 이후 송장남 씨와 여타인 씨를 상대로 'X부동산' 중 1/2 지분을 자신이 상속 받았다고 주장하며 법원에 '소유권이전등기말소'를 청구하였습니다.

정주세 씨는 소송에서 이길 수 있을까요?

> **결론**
> 정주세 씨는 자신의 상속분인 1/2 지분 범위에서 말소등기를 청구할 수 있습니다. 즉 정주세 씨는 승소할 수 있습니다.

24번 사례에서 본 것처럼, 아버지 사망 후 혼외자가 인지판결에 의해 아들로 인정된 경우에는 이미 다른 상속인들이 상속재산을 분할하였거나 처분하였다면 무효를 주장하지는 못합니다. 혼외자는 자신의 상속분에 상당한 금액의 지급만 청구할 수 있습니다.

그런데 사례와 같이 혼외자가 생모 사망 후에 친생자관계존재확인 소송에서 아들로 인정받은 경우는 어떨까요?

판례는 생모의 경우는 출산으로 자녀와 당연히 법률상의 친자관계가 생겨서, 꼭 친생자관계존재확인 판결이 있어야 친자관계가 인정되는 것이 아니라는 입장입니다. 그리고 어머니의 다른 공동상속인이 한 상속재산에 대한 분할 또는 처분의 효력도 부인할 수 있다는 입장입니다. 다시 말하면 생모의 경우는 생부와 달리 그 자녀는 다른 자녀의 상속재산 분할과 처분에 이의를 제

기하여 상속분에 대한 권리를 가질 수 있다는 것이지요

사례에서 정주세 씨는 자신의 상속분인 1/2 지분 범위에서 송장남 씨가 X 부동산에 대하여 상속등기를 하고 여타인 씨에게 처분한 행위의 효력을 부인하고, 말소등기를 청구할 수 있다는 것이 판례의 입장입니다.

그런데 모자관계인지 부자관계이지에 따라 결론이 달라지는 이러한 판례에 대해서는, 그러한 사실을 모르고 거래한 사람까지 피해를 볼 수 있기 때문에 법원의 판결이 부당하다는 비판이 많이 제기되고 있습니다.

혼외자가 생모 사망 후에 아들로 인정된 경우에도 다른 공동상속인이 한 상속재산에 대한 분할 또는 처분의 효력은 그대로 인정하고, 금전으로만 반환을 청구할 수 있도록 하는 것이 오히려 바람직해 보입니다.

채무자의 상속재산분할협의를 채권자가 취소할 수 있나요?

법조문

민법 제406조(채권자취소권)

① 채무자가 채권자를 해함을 알고 재산권을 목적으로 한 법률행위를 한 때에는 채권자는 그 취소 및 원상회복을 법원에 청구할 수 있다. 그러나 그 행위로 인하여 이익을 받은 자나 전득한 자가 그 행위 또는 전득 당시에 채권자를 해함을 알지 못한 경우에는 그러하지 아니하다.

채무중 씨는 은행에 3억 원의 채무가 있습니다.

이후 채무중 씨의 아버지 채권무 씨가 사망하였는데 약 4억 원 상당의 토지를 상속재산으로 남겼습니다.

채무중 씨와 채소유 씨는 상속재산인 토지는 채소유 씨가 단독으로 소유하고 대신 채소유 씨가 채무중 씨에게 5천만 원을 지급하기로 상속재산분할협의를 마칩니다.

은행은 채무가 많은 채무중 씨가 부동산을 포기하고 돈으로 일부 지급 받기로 한 상속재산분할협의는 채권자를 해하는 사해행위라고 주장하며,

채소유 씨를 상대로 채무중 씨의 상속 지분 상당의 말소등기를 구하는 소송을 제기하였습니다. 은행은 승소할 수 있을까요?

# 결론

빚이 많은 채무자 채무중 씨가 유일한 상속재산인 부동산에 관한 상속분을 포기하고 대신 현금을 지급받기로 하였다면, 이는 채권자를 해하는 사해행위에 해당합니다. 따라서 은행은 사해행위취소소송에서 승소할 수 있을 것으로 보입니다.

참고판례: 대법원 2008. 3. 13. 선고 2007다73765 판결

빚이 많은 채무자가 상속 과정에서 일종의 꼼수를 쓴 경우네요. 채무자가 채권자를 해함을 알고 재산권을 목적으로 한 법률행위를 한 때에는 채권자가 취소할 수 있는데 이를 사해행위취소 또는 채권자취소라고 합니다. 예를 들어 빚이 많은 채무자가 유일한 소유 부동산을 다른 사람에게 증여하면 채권자는 그 증여계약을 취소하고 부동산을 원상으로 회복시킬 수 있는 것입니다.

이러한 사해행위취소의 대상이 되는 것은 '재산권을 목적으로 한 법률행위'입니다. 보통 매매, 증여 같은 계약이 사해행위취소의 대상이 되는 경우가 많습니다.

사례에서는 상속재산분할협의와 같은 가족법상의 행위도 사

해행위취소의 대상이 되는지가 문제입니다. 대법원은 상속재산분할협의는 공유 상태의 상속재산을 합의에 따라 나누는 것이어서 그 성질이 재산권을 목적으로 하는 법률행위이므로 채무중 씨 역시 사해행위취소의 대상이라는 입장입니다.

  채무중 씨가 유일한 상속재산인 부동산을 포기하고 대신하여 현금을 지급 받기로 합의한 것은, 채무자가 유일한 부동산을 매각하여 소비하기 쉬운 금전으로 바꾸는 것과 비슷하기 때문에 사해행위에 해당한다고 판단한 것입니다.

  만약 채무중 씨가 상속을 포기하였다면 은행은 이러한 상속포기에 대해 사해행위취소를 하지 못하였을 것입니다. 그런데 채무중 씨가 상속재산분할협의를 하였기 때문에 은행은 이를 사해행위로 보고 취소청구를 할 수 있었던 것이죠. 상속포기와 상속재산분할협의는 결과적으로는 비슷한 효과를 가져올 수 있지만 사해행위취소에 있어서는 차이가 매우 큽니다. 채무중 씨가 조금이라도 법을 아는 사람이었다면 상속포기를 선택했을 것입니다. 정말 아는 것이 힘입니다.

5장
상속 받을 재산보다 빚이 더 많아요

상속포기와 한정승인 중 현명한 선택은 무엇인가요?

법조문

민법 제1029조(공동상속인의 한정승인)

상속인이 수인인 때에는 각 상속인은 그 상속분에 응하여 취득할 재산의 한도에서 그 상속분에 의한 피상속인의 채무와 유증을 변제할 것을 조건으로 상속을 승인할 수 있다.

 **결론**

장남만 한정승인을 하고, 나머지 가족은 상속포기를 하는 방법이 좋습니다.

상속을 기대했는데 빚이 더 많은 걸 안다면 상속인들이 난감하겠죠? 이러한 경우 상속인은 한정승인이나 상속포기 중 자신에게 더 유리한 것을 판단하여 신청해야 합니다.

상속포기의 경우 상속을 포기한 자는 상속 개시 때부터 상속인이 아니었던 것으로 됩니다. 한정승인의 경우 상속은 받되 상속받은 적극재산의 범위에서 채무를 책임지게 됩니다.

동순위에 있는 상속인들이 모두 상속을 포기하면 다음 순위자에게 상속이 넘어갑니다. 사안의 경우 남기고 씨의 배우자와 자녀가 모두 상속을 포기하면, 다음 순위 상속인인 남기고 씨의 손자들이나 형제자매들에게 상속이 넘어가는 것이죠. 그렇기 때문에 다음 순위 상속인들에게 상속이 넘어가지 않게 하려면 가족이 모두 상속을 포기해선 안 됩니다.

상속인 중 1명인 장남이 한정승인을 하고 나머지 가족이 상속을 포기하면 1순위 상속인인 장남이 상속을 받기 때문에 다음 순위자에게 상속이 넘어가지 않습니다. 장남은 한정승인을 했기 때문에 상속재산 범위에서 채무를 책임지면 되어 손해 또한 보지 않습니다. 이와 같이 공동상속인 중 일부가 한정승인을 하고, 나머지 상속인들이 상속포기를 하면 한정승인을 한 상속인이 몰아서 상속을 받고, 법률 업무를 혼자 처리하는 장점이 있습니다. 박원순 전 서울시장이 많은 채무를 남기고 사망하자 자녀들은 상속포기를 하고 아내만 한정승인을 한 것도 그와 같은 이유 때문이라고 생각합니다.

상속재산을 장례비용으로 쓴 경우 한정승인이 가능한가요?

✦✦✦✦✦✦✦✦✦✦✦✦✦✦✦✦✦ 법조문 ✦✦✦✦✦✦✦✦✦✦✦✦✦✦✦✦✦

민법 제998조의2(상속비용)

상속에 관한 비용은 상속재산 중에서 지급한다.

| 아버지 나부터 씨가 사망을 한 후에  | 홀로 남겨진 가족인 나혼만 씨는  | 사망 당시 아버지의 적극재산을 들여다보았습니다.  |

P보험사에 가입한 보험금 하나가 전부였고 오히려 DD은행에 1억 원가량의 채무가 있었습니다.

나혼만 씨는 아버지 사망 후 P보험사로부터 보험계약 해약 환급금 900만 원을 수령하여 이를 장례비로 썼습니다.

그리고 나부터 씨가 사망하고 한 달 정도가 지난 후 법원에 한정승인 신고를 하였습니다.
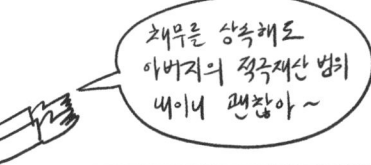

하지만 나혼만 씨는 한정승인을 하면서 은행에 대한 1억 원의 채무는 기재하였으나 P보험사에 대한 해약환급금을 누락시키고 말았습니다.
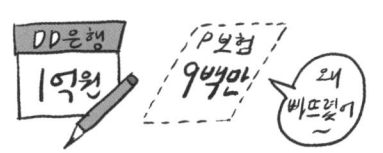

DD은행은 나혼만 씨가 한정승인을 하면서 이를 누락한 이유로 한정승인은 무효라고 주장하고 나섰습니다.

과연 나혼만 씨의 한정승인은 효력을 발휘할 수 있을까요?

⚖️ 결론

나혼만 씨가 해지환급금을 수령하여 이를 장례비용에 충당한 것은 정당하고, 한정승인시 상속재산 목록에 기재하지 않았다 하더라도 한정승인이 무효로 되지 않습니다.

참고판례: 대법원 2003. 11. 14. 선고 2003다30968 판결

장례비용을 지출한 것은 한정승인에 영향을 주지 않는군요. 다행입니다.

상속에 관한 비용은 상속재산 중에서 지급하도록 되어 있습니다. 상속재산의 관리 및 청산에 필요한 비용이 '상속에 관한 비용'에 해당합니다. 장례비용도 합리적인 금액 범위 내라면 상속비용으로 볼 수 있습니다.

나혼만 씨는 보험계약 해지환급금 900만 원을 수령하여 장례비용으로 사용하였습니다. 장례비용은 상속비용에 해당하기 때문에 상속재산에서 지급하는 것이 가능합니다. 그리고 900만 원의 장례비는 합리적인 범위 내의 금액으로 생각됩니다.

나혼만 씨가 한정승인을 할 당시 해지환급금은 모두 장례비용으로 지출되고 없었기 때문에 상속재산 목록에 기재하지 않았다 하더라도 문제되지 않습니다.

한정승인을 할 때 상속재산을 고의로 재산 목록에 기재하지 않으면 한정승인은 무효가 됩니다. 이는 상속재산을 은닉하여 상속채권자를 해하는 것을 막기 위해서입니다. 그런데 사안과 같이 상속재산을 장례비로 사용한 것은 정당하기 때문에 한정승인 시 장례비로 사용하여 없어진 상속재산을 재산 목록에 기재하지 않았다고 해서 한정승인이 무효가 되지 않습니다.

피상속인이 남긴 재산이 많지 않다면 이를 장례비로 사용하는 것이 좋은 방법일 수 있습니다. 특히 한정승인을 하는 경우 장례비로 상속재산을 다 사용하였다면 더 이상 청산절차를 밟지 않아도 되기 때문에 간편할 수 있습니다. 망자의 장례는 상속재산으로 치러도 상속비용으로 처리할 수 있다니 망자에 대한 최소한의 배려심이라는 생각이 들기도 하는군요.

부모 사망 전에 한 상속포기 약정은 효력이 있나요?

판례

대법원 1998. 7. 24. 선고 98다9021 판결 [예금반환]

[1] 유류분을 포함한 상속의 포기는 상속이 개시된 후 일정한 기간 내에만 가능하고 가정법원에 신고하는 등 일정한 절차와 방식을 따라야만 그 효력이 있으므로, 상속 개시 전에 한 상속포기 약정은 그와 같은 절차와 방식에 따르지 아니한 것으로 효력이 없다.

[2] 상속인 중의 1인이 피상속인의 생존 시에 피상속인에 대하여 상속을 포기하기로 약정하였다고 하더라도, 상속 개시 후 민법이 정하는 절차와 방식에 따라 상속포기를 하지 아니한 이상, 상속 개시 후에 자신의 상속권을 주장하는 것은 정당한 권리행사로서 권리남용에 해당하거나 또는 신의칙에 반하는 권리의 행사라고 할 수 없다.

기한번 씨는 결혼을 두 번 했습니다.

그의 전처와 후처에게는 각각 자식이 있습니다.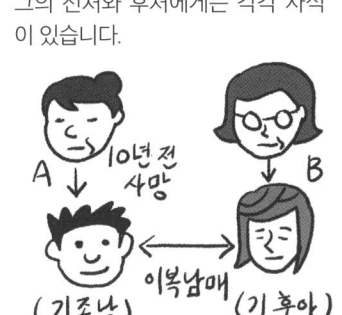

기한번 씨의 후처인 B씨가 사망했을 때

그녀 소유의 토지는 상속인 기후아 씨가 단독으로 받았습니다.

대신 기후아 씨는 기한번 씨가 사망할 경우 일체의 상속분을 포기하기로 약속하였습니다.

그러나 기한번 씨가 사망하면서 남긴 2억 원의 예금을 보고 기후아 씨는 마음이 바뀝니다. 그녀는 상속포기를 철회하고 은행을 상대로 자기 몫 1억 원의 예금반환청구소송을 제기하였습니다.

기존남 씨는 유산을 노려 상속포기를 번복하는 것은 신의성실에 위배된다며 기후아 씨의 소송이 기각되어야 한다고 주장합니다.

사망하기 전에 상속을 포기한 약정이 과연 사망 후에도 효력이 있을까요?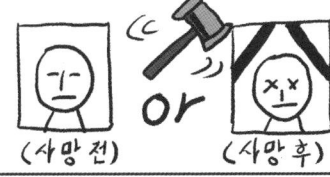

 **결론**

기후아 씨는 기한번 씨가 사망하기 전에 상속을 포기하기로 약정하였으므로 이 상속포기약정은 무효입니다. 따라서 기후아 씨의 상속권은 유효하고 예금반환청구소송에서 승소할 수 있습니다.

사망 전에 한 약정을 사망 후 자신에게 유리한 방향으로 변경한 얌체 같은 행동이지만 법적으로는 인정이 되는군요.

상속의 포기는 상속이 개시된 후, 즉 피상속인 사망 후에 가능합니다. 사안에서 기한번 씨가 사망하면 기후아 씨가 상속을 포기하기로 약속하였으나, 이는 기한번 씨가 사망하기 전의 일이므로 효력이 없습니다.

그런데 상속을 포기하는 약속을 해 자신의 어머니인 B 씨의 사망 시 B 씨 소유 토지를 단독으로 상속한 기후아 씨가 기한번 씨가 사망하자 상속권을 주장하는 것이 신의성실의 원칙에 위반하는지 문제가 됩니다. 기후아 씨의 예금반환청구가 신의성실원칙에 위반된다고 판단되면 그 청구는 인정되지 않을 수 있습니다.

하지만 대법원은 상속 개시 전에 상속포기약정을 하였더라도 상속 개시 후에 자신의 상속권을 주장하는 것은 정당한 권리행사이지 신의성실의 원칙에 위반되는 권리의 행사가 아니라고 판단하였습니다.

상속 개시 전의 상속포기 약정은 법적으로 무효이기 때문에 상속 개시 후 상속권을 주장하더라도 정당한 권리행사로 보는 것입니다. 따라서 상속 개시 전에 한 상속포기로 어떤 약정을 하는 것은 조심해야 합니다.

뭐든지 타이밍이 중요한가 봅니다.

상속포기 심판 전에 상속재산을 처분하였다면

> ○ 법조문 ○

민법 제1026조(법정단순승인)

다음 각 호의 사유가 있는 경우에는 상속인이 단순승인을 한 것으로 본다.
1. 상속인이 상속재산에 대한 처분행위를 한 때
2. 상속인이 제1019조 제1항의 기간 내에 한정승인 또는 포기를 하지 아니한 때
3. 상속인이 한정승인 또는 포기를 한 후에 상속재산을 은닉하거나 부정 소비하거나 고의로 재산 목록에 기입하지 아니한 때

안남긴 씨는 사망 시 적극 재산으로 시가 1천만 원 정도의 중고 자동차 한 대만 남겼습니다. 오히려 친구에게 빌린 1억 원의 채무가 있었습니다.

안남긴 씨의 가족으로는 두 자녀가 있습니다.

안챙긴 씨와 안속아 씨는 아버지 사망 후 한 달이 지난 후에 법원에 상속포기신고를 하였습니다.

그 신고는 두 달 만에 수리되었습니다.

그러나 여기서 한 가지 문제가 발생하였습니다.

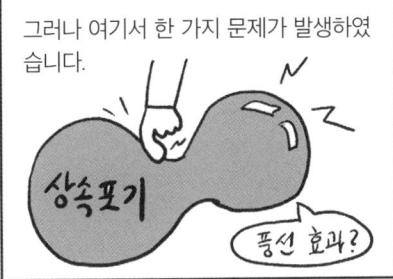

안챙긴, 안속아 씨는 상속포기 신고를 하고 이를 수리하는 심판이 고지되기 전에 안남긴 씨가 소유했던 중고 자동차를 다른 사람에게 매도하고 매매 대금을 수령하였기 때문입니다.

과연 그들의 상속포기는 효력이 있을까요?

 **결론**

안챙긴, 안속아 씨는 상속포기를 하였으나 이를 수리하는 심판이 고지되기 전에 상속재산을 처분하였으므로, 상속포기는 효력이 없습니다. 둘은 단순승인, 즉 적극재산과 소극재산(채무) 전부를 상속하게 됩니다.

참고판례: 대법원 2016. 12. 29. 선고 2013다73520 판결

상속인 입장에서는 상속포기가 결정나기 전에 자동차 한 대 처분한 것 때문에 참으로 곤란한 상황에 처한 사례입니다.

상속인이 한정승인 또는 상속포기 전에 상속재산을 처분하면 단순승인의 효과가 발생합니다. 즉 상속재산과 채무 전부를 상속 받는 일반적인 상속을 한 것으로 보는 것이죠.

하지만 반대로 한정승인 또는 상속포기 후에 처분행위를 한 경우 단순승인으로 간주되지 않고, 상속재산을 은닉하거나 부정 소비하거나 고의로 재산 목록에 기입하지 아니한 경우에만 단순승인으로 간주됩니다. 따라서 상속인이 상속재산을 처분한 시점이 한정승인 또는 상속포기 전인지 후인지가 매우 중요합니다.

사안의 경우 안챙긴, 안속아 씨가 안남긴 씨 소유 중고 자동차를 처분한 시점은, 법원에 상속포기 신고를 한 이후이나 이를 수리하는 법원의 심판이 있기 전이었습니다. 이 경우 상속재산에 대한 처분행위가 상속포기 전에 있었다고 볼지, 아니면 후에 있었다고 볼지가 문제입니다.

판례는 상속포기 신고를 하였으나 이를 수리하는 심판이 고지되기 이전이라면 상속포기 전으로 보아야 한다고 판단하였습니다. 따라서 안챙긴, 안속아 씨는 1억 원 채무를 모두 변제해야 합니다.

이러한 판례에 대해 상속포기 수리 전이라도 법원에 상속포기 신고를 하였다면 상속인들이 상속을 받지 않겠다는 의사를 분명히 표시한 것으로 보아야 하고, 따라서 그 후 상속재산을 처분하더라도 단순승인으로 간주되지 않아야 한다는 비판이 많습니다. 어쨌든 현재 판례 하에서는 상속포기 수리 심판이 있기 전까지는 상속재산의 처분행위를 하지 않도록 각별히 주의해야 합니다.

최종 결정이 나기까지는 앞서서 행위를 하지 말라는 교훈을 주는 사례가 아닌가 합니다. 후에 낭패를 볼 수도 있으니까요.

상속인이 보험금을 수령한 경우, 한정승인이나 상속포기를 할 수 있을까요?

판례

대법원 2016. 12. 29. 선고 2013다73520 판결 [대여금]

보험계약자가 피보험자의 상속인을 보험수익자로 하여 맺은 생명보험계약에 있어서 피보험자의 상속인은 피보험자의 사망이라는 보험사고가 발생한 때에는 보험수익자의 지위에서 보험자에 대하여 보험금 지급을 청구할 수 있고, 이 권리는 보험계약의 효력으로 당연히 생기는 것으로서 상속재산이 아니라 상속인의 고유재산이라고 할 것이다.

이말보 씨는 생전에 생명보험사와 보험계약을 체결하고 사망합니다.

사망 당시 그에게 적극재산은 없었으며 은행에서 대출 받은 1억 원의 빚이 있었습니다.

이말보 씨 사망 후 상속인인 자녀들은 각각 1억 원씩 보험금을 수령하였습니다.

자녀들은 아버지의 보험금은 받고 상속은 포기하기를 원합니다.

은행은 이를 인정하지 못하고 채무 이행을 요구합니다.

과연 자녀들의 상속포기가 인정될까요?

결론

이백조, 이백수 씨가 수령한 생명보험금은 둘의 고유재산이지 상속재산이 아닙니다. 따라서 보험금을 수령하였다 하더라도 상속포기는 가능합니다.

생명보험금이 상속재산인지 상속인의 고유재산인지 여부에 따라 상속인 재산에 큰 영향을 준다는 사실을 알게 해주는 사례입니다.

상속인이 한정승인 또는 상속포기 전에 상속재산에 대해 처분행위를 하면 단순승인한 것으로 봅니다. 즉 상속재산에 대한 처분행위를 하면 상속포기나 한정승인은 못하고, 상속재산 전부(채무 포함)를 상속 받게 됩니다.

사례에서 생명보험금이 상속재산에 해당한다면, 이백조, 이백수 씨가 생명보험금을 수령한 행위는 상속재산에 대한 처분행위에 해당합니다. 그렇게 되면 둘은 상속포기나 한정승인을 할 수 없습니다. 이말보 씨의 은행 채무 1억 원을 모두 변제할 수밖에 없습니다.

그러나 보험계약에서 상속인이 보험수익자로 지정되어, 상속인이 보험금 지급을 청구할 수 있는 권리는 보험계약의 효력으로 생기는 것입니다. 즉 보험계약의 효력에 의해 상속인이 바로 보험금 청구권을 취득하기 때문에, 보험금청구권은 상속재산이 아니라 상속인의 고유재산에 해당합니다.

따라서 이백조, 이백수 씨는 보험금을 수령하더라도 상속재산을 처분한 것이 아니기 때문에 상속포기를 적법하게 할 수 있습니다.

그런데 주의해야 할 것이 있습니다. 보험계약을 할 때 이말보 씨가 피보험자와 보험수익자를 모두 이말보 씨로 지정하였다면, 상속인인 이백조, 이백수 씨가 받는 보험금은 상속재산에 해당한다는 것이 판례입니다. 이런 경우에는 이백조, 이백수 씨가 보험금을 수령하면 더 이상 상속포기나 한정승인은 할 수 없습니다. 보험계약을 할 때 보험수익자를 누구로 지정하느냐가 큰 차이를 가져온다는 것을 알 수 있습니다.

사례에서는 이말보 씨가 보험수익자를 이백조, 이백수 씨로 해 놓은 것이 다행인 셈이네요. 보험수익자를 피상속인 본인보다는 상속인으로 지정하는 것이 상속에 있어서는 유리함을 알 수 있습니다.

상속포기나 한정승인은 언제까지 해야 하나요?

○ 법조문 ○

민법 제1019조(승인, 포기의 기간)

① 상속인은 상속 개시 있음을 안 날로부터 3월 내에 단순승인이나 한정승인 또는 포기를 할 수 있다. 그러나 그 기간은 이해관계인 또는 검사의 청구에 의하여 가정법원이 이를 연장할 수 있다.

최빈국 씨는 가난한 가장이었습니다.

그는 적극재산 한푼 없이 아내와 자녀 둘을 남기고 세상을 떠났습니다.

설상가상, 사망 당시 그에게는 은행 빚 1억 원이 있었습니다.

이를 알고 아내와 아들 최저하 씨, 딸 최가엽 씨는 최빈국 씨 사망 한 달 후 가정법원에 상속포기 신고를 하여 그 신고가 수리되었습니다.

그런데 최저하 씨에게만 두 아들이 있었는데 당시에는 미성년자였습니다.

최빈국 씨 사망 후 4년이 지나 은행은 그의 상속인을 상대로 1억 원의 대여금 소송을 제기합니다. 그러나 상속인들이 상속포기한 것을 알고 최저하 씨 아들들을 피고로 바꾸는 '당사자표시정정신청'을 합니다.

이에 최빈국 씨의 아들인 최저하 씨는 '당사자표시정정신청'이 있고 나서 한 달 내에 부랴부랴 두 아들을 대리하여 상속포기를 하여 은행과의 갈등이 일어났습니다.

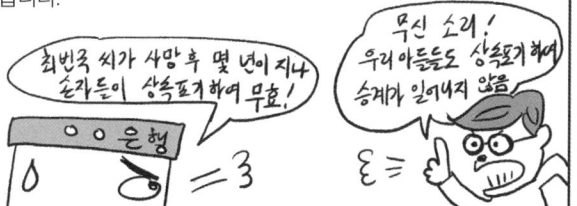

과연 어느 쪽이 소송에서 승소할까요?

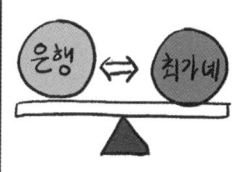

 **결론**

최저하 씨 아들들의 상속포기는 유효합니다. 따라서 은행의 이들에 대한 대여금 청구는 인정될 수 없습니다.

참고판례: 대법원 2005. 7. 22. 선고 2003다43681 판결

1순위 상속인은 직계비속이고, 2순위 상속인은 직계존속입니다. 직계비속이나 직계존속이 여러 명인 때는 최근친이 상속인이 됩니다. 배우자는 직계비속 또는 직계존속과 공동으로 상속받습니다.

최빈국 씨의 사망으로 자녀들(최저하, 최가엽)이 상속 받고, 아내는 배우자로서 공동으로 상속 받습니다. 그런데 셋이 상속을 포기하면 배우자와 자녀가 없는 것처럼 되어 최빈국 씨의 손자녀인 최저하 씨의 자녀들이 직계비속으로 상속을 받게 됩니다.

상속인은 상속포기나 한정승인을 상속 개시가 있음을 인지한 날로부터 3월 내에 할 수 있습니다. 보통은 피상속인의 사망 사실을 알고 3월 내에 상속포기나 한정승인을 해야 합니다. 그런데

피상속인의 자녀가 상속을 포기하여 피상속인의 손자녀가 상속하는 것은 법을 잘 모르는 일반인으로서는 쉽게 알기 어렵습니다. 이러한 경우는 피상속인의 사망 사실뿐 아니라 자신이 상속인이 된 사실을 안 날로부터 3월 내에 상속포기나 한정승인을 할 수 있습니다.

사안의 경우 최저하 씨의 자녀들은 자신들이 상속인이 된 사실을 모르다가 은행이 소송에서 당사자표시정정을 하면서 상속인이 된 사실을 알았습니다. 따라서 그때부터 3개월 내에 상속포기를 하였다면 그 상속포기는 유효합니다. '상속 개시 있음을 안 날'로부터 3개월 내에 상속포기나 한정승인을 할 수 있는데, 판례는 '상속 개시 있음을 안 날'을 상당히 넓게 해석함으로써 상속인들을 보호해주고 있는 것입니다.

또한 2022년 민법이 개정되어 미성년자인 상속인은 성년이 된 후 일정기간 이내에 한정승인을 할 수 있게 되었습니다. 사례에서 최저하 씨가 두 아들을 대리하여 상속포기나 한정승인을 하지 않은 경우에도, 두 아들은 나중에 성년이 된 후 일정한 기간 내에 한정승인을 할 수 있게 될 것입니다. 미성년자 상속인이 상속채무에서 벗어날 수 있도록 법이 개정된 것입니다.

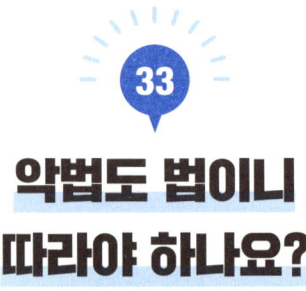

악법도 법이니
따라야 하나요?

○ 법조문 ○

민법 제1019조(승인, 포기의 기간)

① 상속인은 상속 개시 있음을 안 날로부터 3월 내에 단순승인이나 한정승인 또는 포기를 할 수 있다. 그러나 그 기간은 이해관계인 또는 검사의 청구에 의하여 가정법원이 이를 연장할 수 있다.
③ 제1항의 규정에 불구하고 상속인은 상속채무가 상속재산을 초과하는 사실을 중대한 과실 없이 제1항의 기간 내에 알지 못하고 단순승인(제1026조 제1호 및 제2호의 규정에 의하여 단순승인한 것으로 보는 경우를 포함한다)을 한 경우에는 그 사실을 안 날부터 3월 내에 한정승인을 할 수 있다.

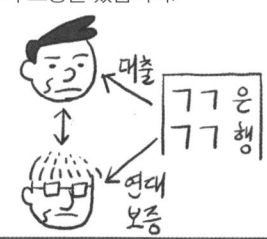
무일푼 씨는 은행에서 대출을 받았는데 이때 친구 정만보 씨가 보증을 섰습니다.

그러나 무일푼 씨의 사업이 망해 대출을 갚지 못하게 되자,

은행은 정만보 씨에게 연대보증금 1억 원을 지급하라는 소송을 제기하여 승소 판결을 받았습니다.

이후 정만보 씨는 사망하였고, 사망 당시 자녀에게 남긴 재산은 없었습니다.

아버지의 채무를 모른 자녀들은 상속포기나 한정승인을 하지 않았습니다.

그런데 은행이 대여금 채권의 소멸시효가 다 되어가자 자녀들이 연대보증금 채무를 상속 받았다고 주장하며 채무이행소송을 제기합니다.

자녀들은 채무를 모른 상태에서의 상속을 단순승인한 것으로 보는 민법은 악법이라며 위헌을 주장하였고, 법원은 이를 받아들여 헌법재판소에 위헌법률심판을 제청하였습니다.
최후의 결정은 어떻게 될까요?

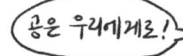

⚖️ 결론

정만보 씨의 자녀들은 구제 받을 수 있습니다. 상속채무가 적극재산을 초과하는 사실을 알지 못하여 상속 개시 후 3개월 내에 상속포기나 한정승인을 하지 못한 경우에도 단순승인한 것으로 보는 것은 헌법에 위반됩니다. 헌법재판소 위헌판결 이후 민법이 개정되어 상속채무가 초과한다는 사실을 안 날로부터 3개월 내에 한정승인을 할 수 있도록 바뀌었습니다. 정만보 씨의 상속인들은 한정승인을 함으로써 상속 받은 범위에서만 채무를 책임지면 되는 것입니다.

참고판례: 헌법재판소 1998. 8. 27. 선고 96헌가22, 97헌가2·3·9, 96헌바81, 98헌바24·25(병합) 전원재판부

1998년 헌법재판소에서 위헌판결이 있기 전까지는 상속 개시 있음을 안 날로부터 상속포기나 한정승인 없이 3개월이 지나면 단순승인한 것으로 보았습니다. 민법이 그렇게 규정하고 있었기 때문입니다.

그러다 보니 사례와 같이 부모에게 채무가 많다는 사실을 모르고 상속포기나 한정승인을 하지 않았던 상속인들이 이후에 확인

된 부모의 채무를 모두 갚을 수밖에 없는 안타까운 일들이 많이 발생하였습니다.

이에 여러 상속인들이 관련 민법 규정이 위헌이라는 주장을 하였고, 결국 1998년 헌법재판소에서 이러한 민법 규정이 위헌으로 판결되었습니다. 이후 민법이 개정되어 상속인이 상속채무가 초과한다는 사실을 안 날로부터 3개월 내에 한정승인할 수 있도록 바뀌었습니다. 다만 중대한 과실 없이 몰랐어야 합니다. 사례에서 정만보 씨의 자녀들은 정만보 씨가 사망하고 1년이 지난 시점에서 정만보 씨의 채무 초과 사실을 비로소 알게 되었으므로, 안 때부터 3개월 내에는 한정승인을 할 수 있는 길이 열린 것입니다. 이를 '특별한정승인'이라 합니다.

그리스의 유명한 철학자인 소크라테스는 악법도 법이라는 유명한 말을 남겼습니다. 그러나 헌법에 위반되는 법률은 위헌법률 심판을 받게 된 지금은 악법은 악법일 뿐입니다. 특별한정승인은 악법이 헌법재판에 의해 개선된 대표적인 사례입니다.

미성년자의 특별한정승인은 어떤 경우 인정되나요?

○ 법조문 ○

제1019조(승인, 포기의 기간)

④ 제1항에도 불구하고 미성년자인 상속인이 상속채무가 상속재산을 초과하는 상속을 성년이 되기 전에 단순승인한 경우에는 성년이 된 후 그 상속의 상속채무 초과사실을 안 날부터 3개월 내에 한정승인을 할 수 있다. 미성년자인 상속인이 제3항에 따른 한정승인을 하지 아니하였거나 할 수 없었던 경우에도 또한 같다.

무일분 씨는 아내와 아들을 남기고 사망하였습니다.

사망 당시 그는 재산이 없고 오히려 최갑진 씨에게 채무 4천만 원이 있었습니다.

무일분 씨가 사망한 지 1년이 지난 시점에 최갑진 씨는 반내조 씨와 무지한 씨를 상대로 대여금 소송을 제기하였습니다.

그러나 당시 무지한 씨는 미성년자였습니다.

반내조 씨는 이 소송을 통해 비로소 남편의 채무 사실을 알게 되었지만 특별한 조치는 취하지 않았습니다.

최갑진 씨는 판결받은 채권의 소멸기간이 10년이 되어가자

다시 상속인들을 상대로 대여금 소송을 제기합니다.

이때 성인이 된 무지한 씨는 소장을 송달 받고 법원에 한정승인을 신청하였습니다.

무지한 씨의 한정승인은 효력이 인정될까요?

 **결론**

최갑진이 첫 소송을 제기한 시점에서 무지한은 미성년자였습니다. 무지한은 성년이 된 후 두 번째 소송의 소장을 송달받고 상속채무가 상속재산보다 많다는 사실을 알게 되었기 때문에 3개월 내에 한정승인을 할 수 있습니다. 얼마 전까지는 한정승인이 불가능했으나, 2022년 민법개정으로 가능해졌습니다.

상속인이 피상속인 사망 후 한참이 지나서 상속채무가 상속재산을 초과하는 사실을 알게 되는 경우가 있습니다. 이러한 경우 상속인에게 중대한 과실이 없다면 그러한 사실을 안 때부터 3월 내에 한정승인을 할 수 있습니다. 이를 특별한정승인이라 합니다.

그런데 상속인이 미성년자인 경우, 누구를 기준으로 특별한정승인을 인정할지가 문제됩니다. 대법원은 상속인이 미성년자인 경우 상속채무 초과 사실을 알았는지는 법정대리인을 기준으로 판단해야 한다는 입장이었습니다(대법원 2020. 11. 19. 선고 2019다232918 판결). 사례에서 무지한의 법정대리인인 반내조가 상속채무 초과사실을 알았기 때문에 3개월 이내에 특별한정승인을 했어야 한다는 것입니다.

  이러한 대법원의 판결은 미성년 상속인을 상속채무부터 보호하는데 충분하지 못한 면이 있었습니다. 다행히 2022년 민법이 개정되어 미성년 상속인의 경우 성년이 된 후 상속채무 초과사실을 안 날부터 3개월 내에 한정승인을 할 수 있는 것으로 바뀌었습니다. 따라서 개정 민법에 의하면 무지한은 한정승인을 신청하여 상속채무에서 벗어날 수 있게 되었습니다.

상속포기의 효과는 대습상속에도 영향을 미치나요?

판례

대법원 2017. 1. 12. 선고 2014다39824 판결 [구상금]

피상속인의 사망 후 상속채무가 상속재산을 초과하여 상속인인 배우자와 자녀들이 상속포기를 하였는데, 그 후 피상속인의 직계존속이 사망하여 민법 제1001조, 제1003조 제2항에 따라 대습상속이 개시된 경우에 대습상속인이 민법이 정한 절차와 방식에 따라 한정승인이나 상속포기를 하지 않으면 단순승인을 한 것으로 간주된다. 위와 같은 경우에 이미 사망한 피상속인의 배우자와 자녀들에게 피상속인의 직계존속의 사망으로 인한 대습상속도 포기하려는 의사가 있다고 볼 수 있지만, 그들이 상속포기의 절차와 방식에 따라 피상속인의 직계존속에 대한 상속포기를 하지 않으면 효력이 생기지 않는다.

우선간 씨는 아내와 2명의 자녀, 홀어머니를 남기고 사망하였습니다.

또한 제로은행에 1억 원의 채무를 남겼습니다.

우선간 씨 사망 후 아내와 자녀들은 상속을 포기하였고 그의 어머니인 양심자 씨가 단독상속하였습니다.

그 후 얼마 후 양심자 씨까지 사망했습니다. 양심자 씨의 자녀로는 먼저 사망한 우선간 씨와 차남이 있습니다.

양심자 씨가 남긴 적극재산은 없고 우선간 씨로부터 상속 받은 제로은행의 채무 1억 원만 있는 상태입니다.

우선간 씨의 아내와 자녀들은 양심자 씨 사망 후 상속포기나 한정승인을 하지 않았습니다.

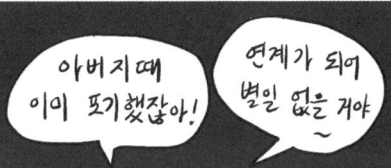

제로은행은 양심자 씨의 1억 원 채무에 대해 우선간 씨의 아내와 자녀를 대상으로 대출금 이행을 촉구하는 소송을 제기하였습니다.

과연 소송의 결과는 어떻게 될까요?

 **결론**

대습상속을 했더라도 지수절, 우천시, 우산은 씨는 양심자 씨 사망 시 상속포기나 한정승인을 하지 않았으므로 상속 받은 채무를 변제해야 합니다. 즉 우선간 씨 사망 시 상속포기를 하였어도, 양심자 씨 사망 시 다시 상속포기를 했어야 합니다.

사례를 다시 정리하여 설명해보겠습니다.

우선간 씨 사망 시 상속 받는 지수절, 우천시, 우산은(배우자 및 직계비속으로서 상속) 씨가 상속을 포기하였기 때문에 양심자 씨가 단독상속하게 되었습니다. 상속포기에 의해 우선간 씨에게 직계비속 및 배우자가 없는 것처럼 되기 때문에 양심자 씨가 2순위 상속인인 직계존속으로서 상속 받은 것입니다.

이후 양심자 씨의 사망으로 자녀인 우선간과 우직한 씨가 상속하게 되는데, 우선간 씨가 양심자 씨보다 먼저 사망하였으므로 우선간 씨를 대신하여 그 배우자와 자녀인 지수절, 우천시, 우산은 씨가 대습상속하게 됩니다.

양심자 씨는 적극재산은 없이 채무만 1억 원을 남겼기 때문에 상속인들은 상속포기나 한정승인을 해야 손해가 없습니다. 그런데 지수절, 우천시, 우산은 씨는 상속포기나 한정승인을 하지 않았기 때문에 단순승인한 것으로 되고, 따라서 은행에 대한 채무를 변제해야 합니다.

 지수절, 우천시, 우산은 씨는 우선간 씨 사망 시 상속포기를 했기 때문에, 양심자 씨 사망 시 다시 상속포기를 하지 않아도 된다고 생각했을 수 있습니다. 특히 양심자 씨의 1억 원 채무가 우선간 씨로부터 상속됐기 때문에 더욱 그럴 것입니다.
 그러나 상속포기의 효력은 우선간 씨 사망으로 개시된 상속에만 미치고, 그 후 이루어진 대습상속에까지 미치지는 않습니다. 따라서 대습상속 시 다시 상속포기를 해야지만 상속 받지 않게 됩니다. 말하자면 지수철, 우천시, 우산은 씨는 우선간 씨 사망 시와 양심자 씨 사망 시 각각 따로 상속포기나 한정승인을 했어야 했는데, 우선간 씨 사망 시 한 번 한것으로 연계가 되는 줄 알았다가 당한 일이니 안타까운 상황이네요. 이러한 일이 발생하지 않도록 상속 건건마다 세심히 확인하는 것이 필요합니다.

상속포기를 하는 경우 채권자가 이를 취소할 수 있나요?

판례

대법원 2011. 6. 9. 선고 2011다29307 판결 [사해행위취소]

상속의 포기는 비록 포기자의 재산에 영향을 미치는 바가 없지 아니하나 상속인으로서의 지위 자체를 소멸하게 하는 행위로서 순전한 재산법적 행위와 같이 볼 것이 아니다. 오히려 상속의 포기는 1차적으로 피상속인 또는 후순위상속인을 포함하여 다른 상속인 등과의 인격적 관계를 전체적으로 판단하여 행하여지는 '인적 결단'으로서의 성질을 가진다.

상속인의 채권자의 입장에서는 상속의 포기가 그의 기대를 저버리는 측면이 있다고 하더라도 채무자인 상속인의 재산을 현재의 상태보다 악화시키지 아니한다. 이러한 점들을 종합적으로 고려하여 보면, 상속의 포기는 민법 제406조 제1항에서 정하는 "재산권에 관한 법률행위"에 해당하지 아니하여 사해행위취소의 대상이 되지 못한다.

소파산 씨는 은행에 3억 원의 채무가 있습니다.

그의 아버지 소부지 씨는 사망하면서 약 6억 원 상당의 토지를 상속재산으로 남겼습니다.

소부지 씨에게는 장남인 소파산 씨와 2명의 자식이 더 있습니다.

아버지 사망 후 곧바로 소파산 씨는 상속을 포기하였고 상속재산인 토지는 상속재산분할협의를 통해 소파산 씨의 동생 2명이 지분을 나누어 이전등기를 마쳤습니다.

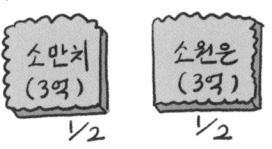

G은행은 소만치, 소원은 씨를 상대로 소파산 씨의 상속지분 상당의 말소등기를 구하는 소송을 제기하였습니다.

G은행은 과연 승소할 수 있을까요?

 **결론**

상속포기는 사해행위취소의 대상이 아닙니다. G은행의 소만치, 소원은 씨에 대한 소송은 승소하기 어렵습니다.

채무자가 채권자를 해함을 알고 재산권을 목적으로 한 법률행위를 한 때에는 채권자는 그 법률행위를 취소할 수 있는데 이를 '사해행위취소' 또는 '채권자취소'라고 합니다. 예를 들어 빚이 많은 채무자가 자신의 유일한 소유 부동산을 다른 사람에게 증여하면 채권자는 채무자의 이러한 행위를 사해행위로 보고 그 증여계약을 취소하고 부동산을 원상으로 회복시킬 수 있는 것입니다.

그런데 사해행위취소의 대상이 되는 것은 '재산권을 목적으로 한 법률행위'에 해당이 되어야 합니다. 보통 매매, 증여 같은 계약이 사해행위취소의 대상이 되는 경우가 많습니다. 사안과 같이 상속포기가 사해행위취소의 대상이 되는지가 문제입니다. 대법원은 상속의 포기는 피상속인, 다른 상속인 등과의 인격적 관계를 판단하여 행하는 '인적 결단'으로서의 성질을 가지기 때문에 재산권을 목적으로 한 법률행위에 해당하지 않는다는 입장입니다. 즉 상속의 포기는 사해행위취소의 대상이 아니라는 것입니다.

소파산 씨의 채권자인 G은행 입장에서는 소파산 씨가 상속을 포기함으로써 강제집행할 재산을 잃게 되기 때문에(정확히는 소파산 씨 소유가 될 뻔하다가 안 된 것) 아쉬울 것입니다. 그러나 채무자인 소파산 씨의 재산 상태가 상속포기로 기존보다 더 악화된 것은 아닙니다. 이러한 점도 상속포기가 사해행위취소의 대상이 아니라고 판단한 근거 중 하나입니다. 앞의 사례(26번) 중 상속재산분할협의는 사해행위취소 대상이 될 수 있다는 것과 비교해서 알아두면 유익한 법률 정보가 될 것입니다.

6장
유언은 어떻게 하나요?

자필로 유언장을 쓰면 무효라고요?

✧✧✧✧✧✧✧✧✧✧✧✧✧✧ 법조문 ✧✧✧✧✧✧✧✧✧✧✧✧✧✧✧

민법 제1066조(자필증서에 의한 유언)

① 자필증서에 의한 유언은 유언자가 그 전문과 연월일, 주소, 성명을 자서하고 날인하여야 한다.
② 전항의 증서에 문자의 삽입, 삭제 또는 변경을 함에는 유언자가 이를 자서하고 날인하여야 한다.

유언필 씨와 손필로 씨는 유언에 대한 의논을 하다가

각각 자필로 유언장을 작성합니다.

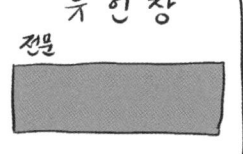

유언필 씨는 백지에 유언의 전문과 주소, 성명을 쓰고 도장 날인을 하였으나 날짜를 2021년 3월이라고 기재하였습니다.
손필로 씨는 전문, 연월일, 성명, 도장을 찍고 주소를 '서초구에서'라고 하였으며 성명 옆에 자신의 주민번호를 썼습니다.

그 후 몇 년이 지나 2명 모두 사망하게 되었으나

그들이 남긴 자필유서가 분쟁의 소지가 되었습니다.

과연 이들의 유언장은 효력이 있을까요?

 **결론**

두 사람의 유언장은 모두 자필증서 유언 방식을 위반한 것이어서 무효입니다.

참고판례: 대법원 2009. 5. 14. 선고 2009다9768 판결
대법원 2014. 9. 26. 선고 2012다71688 판결

유언은 상속에 있어서 누구나 한 번쯤 관심을 갖는데 자필로 유언장을 썼다고 해서 모두 효력이 있는 것이 아니군요. 유언은 민법이 정한 방식대로 해야 유효합니다. 방식에 어긋난 유언장은 무효입니다. 이를 '유언의 요식성'이라고 합니다.

자필증서에 의한 유언은 유언자가 그 전문과 연월일, 주소, 성명을 자필로 기재하고 날인하여야 합니다. 모두 자필로 기재해야 하고 인쇄된 것은 안 됩니다. 날인은 도장 찍는 것을 말하는데 꼭 도장이 아니어도 무인(지장)을 찍는 것도 유효합니다. 그런데 날인대신 친필 사인은 안 된다고 합니다.

유언필 씨의 유언장은 다른 요건을 충족시켰으나 유언 날짜를 연월까지만 기재하였습니다. 연월일은 유언능력의 유무를 판단하거나 다른 유언증서와의 사이에 유언 성립의 선후를 결정하는

기준일이 되어 매우 중요합니다. 유언필 씨의 유언장은 '일'을 기재하지 않아 무효입니다.

손필로 씨는 다른 요건은 충족하였으나 주소를 제대로 기재하지 않았습니다. 주소는 적어도 다른 장소와 구별되는 정도의 표시를 갖추어야 합니다. 가령 번지(도로명 주소로는 건물번호) 또는 몇 동 몇 호까지는 나와야 하는거죠. ○○동이라고만 쓰면 너무 포괄적입니다. 따라서 주민등록번호가 기재되어 있어 손필로 씨가 작성한 유언임을 확인할 수 있더라도 유언의 방식을 어긴 것이어서 무효입니다.

판례는 자필증서에 의한 유언의 경우 주소와 날인이 없는 경우까지 무효로 봅니다. 그런데 주민등록번호 기재가 있거나 성명이나 유언의 내용으로 유언자를 특정할 수 있는데도 무조건 무효로 보는 것은 너무 심하다는 비판이 많습니다. 또 날인 대신 서명이 널리 행해지는 현실을 고려할 때 날인이 없다는 이유로 무효로 보는 것도 문제가 있습니다. 전자인증과 서명 등이 활성화되고 있는 시대이니만큼 개정이 필요합니다. 다만 법 개정 전에는 유언의 요식성에 어긋나지 않도록 정확히 유언하는 수밖에 없습니다.

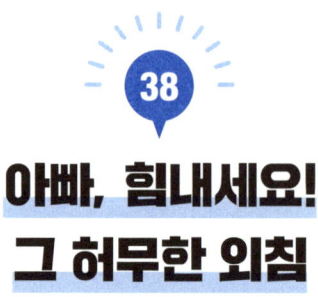

아빠, 힘내세요!
그 허무한 외침

> 법조문

민법 제1068조(공정증서에 의한 유언)

공정증서에 의한 유언은 유언자가 증인 2인이 참여한 공증인의 면전에서 유언의 취지를 구수하고 공증인이 이를 필기낭독하여 유언자와 증인이 그 정확함을 승인한 후 각자 서명 또는 기명날인하여야 한다.

재일교포 허기운 씨는 당뇨병 치료 중 토혈, 혈변이 나타나 병원에 입원합니다.

이후 병세는 더욱 악화되어 부종과 의식혼란이 심해졌으며,

시간, 장소, 삶에 대한 분별력을 잃은 상태에서 자극에 겨우 반응하는 반혼수상태가 되고 맙니다.

결국 임종이 가까워지자 가족들은 공증인인 변호사와 증인 2명을 불러 병원에서 유언장을 작성하게 합니다.

그러나 허기운 씨는 유언 과정에서 자꾸 혼수상태에 빠지고 그의 3남인 허장세 씨가 일본말로 아버지에게 파이팅을 외치며 격려합니다.

변호사는 허기운 씨에게 모든 재산을 3남인 허장세 씨에게 유증할 것이냐고 묻자 허기운 씨는 겨우 고개만 끄덕이고 서명할 기력조차 없어 3남 허장세 씨가 필기구를 쥐어주고 그 손을 잡고 유언장에 서명을 합니다.

허기운 씨는 유언을 한 그날 저녁 사망하고 맙니다. 혼수상태에서 마친 허기운 씨의 유언은 과연 효력이 있을까요?

 **결론**

<u>허기운 씨의 유언장은 공정증서에 의한 유언의 방식에 어긋나서 무효입니다.</u>

참고판례: 대법원 1993. 6. 8. 선고 92다8750 판결

유언의 방식도 참 다양하다는 생각이 드는군요. 유언의 방식은 자필증서, 녹음, 공정증서, 비밀증서, 구수증서 이렇게 다섯 가지가 있습니다. 이중 현실에서는 자필증서와 공정증서에 의한 유언이 가장 많이 이용됩니다.

공정증서에 의한 유언은 유언자가 공증인에게 유언의 취지를 구수하면 공증인이 이를 필기, 낭독하여 유언자와 증인이 정확함을 확인한 후 서명 또는 기명날인하는 방식으로 작성하여야 합니다. 여기서 '구수'는 말로 유언의 내용을 전달하는 것을 말합니다.

사례의 경우 허기운 씨는 변호사의 질문에 단순히 고개를 끄덕이는 반응을 보였습니다. 공정증서에 의한 유언은 유언자의 구수가 있어야 하는데 이렇게 고개를 끄덕이는 것만으로는 구수가

있었다고 보기 어렵습니다. 또한 허기운 씨의 건강 상태 등을 고려할 때 유언이 허기운 씨의 진정한 의사에 의해 이루어졌는지도 의문입니다. 사례의 경우 허기운 씨의 서명 역시 제대로 이루어졌다고 보기 어렵습니다. 따라서 허기운 씨의 유언은 방식을 위배한 것이어서 무효입니다.

 유언의 방식 중 공정증서에 의한 유언이 가장 안전하다고 볼 수 있습니다. 공증인의 도움을 받아 작성하기 때문입니다. 그런데 유언을 미리 하지 않고 임종이 가까운 상태에서 하는 경우, 사례와 같이 '구수'의 요건을 충족하지 못하여 무효가 될 수 있습니다. 따라서 유언은 미리미리 해두는 것이 좋습니다. 이 세상을 떠나는 마지막 순간에 사랑의 대화가 가득하지 않고, 사례와 같이 "아버지, 힘내세요"를 외치며 현실적 입장에서 유언을 독려하는 모습에 왠지 슬프고 씁쓸합니다.

아무나 유언의 증인이 될 수 있나요?

○ 법조문 ○

민법 제1072조(증인의 결격사유)

① 다음 각 호의 어느 하나에 해당하는 사람은 유언에 참여하는 증인이 되지 못한다.
1. 미성년자 2. 피성년후견인과 피한정후견인
3. 유언으로 이익을 받을 사람, 그의 배우자와 직계혈족
② 공정증서에 의한 유언에는 「공증인법」에 따른 결격자는 증인이 되지 못한다.

공증인법 제33조(통역인·참여인의 선정과 자격)

③ 다음 각 호의 어느 하나에 해당하는 사람은 참여인이 될 수 없다. 다만, 제29조 제2항에 따라 촉탁인이 참여인의 참여를 청구한 경우에는 그러하지 아니하다.
7. 공증인의 보호자

김법치 씨는 변호사입니다.

그는 아내와 2명의 자녀가 있고 재산으로 토지와 건물을 가졌습니다.

김법치 씨는 아내에게 유산을 물려주는 유언장을 작성하기로 했습니다. 마침 그가 속한 법무법인이 공증 업무를 하기에 공증 담당 동료 변호사에게 이를 부탁하였습니다.

그런데 친구 1명만을 증인으로 데리고 가서 증인 1명이 부족한 상황이 발생했습니다.

그래서 그는 역시 자신이 다니는 법무법인에서 일하는 직원 1명을 증인으로 세웠습니다.

김법치 씨는 유언 후 2개월 정도 지나 사망하였습니다.

사망한 김법치 씨의 딸인 김분란 씨가 엄마에게 유산이 가는 것을 반대하고 나섰습니다.

과연 김법치 씨가 남긴 유언이 유증의 효력을 발휘할까요?

 **결론**

김법치 씨의 유언은 증인결격자를 증인으로 세웠기 때문에 무효입니다.

참고판례: 대법원 2014. 7. 25.자 2011스226 결정

유언의 요식성 때문에 자칫 미흡하게 유언을 했다가는 이처럼 난감한 상황에 직면할 수도 있군요.

공정증서에 의한 유언은 유언자가 증인 2인의 참여하에 공증인의 면전에서 유언의 취지를 구수하고 공증인이 이를 필기, 낭독하여 유언자와 증인이 그 정확함을 확인한 후 각자 서명 또는 기명날인하는 방식으로 작성합니다. 증인 2명이 필요한데, 이때 증인은 결격사유가 없어야 합니다. 민법은 미성년자, 유언으로 이익을 받을 사람이나 그 가족을 증인결격자로 규정하고 있습니다. 또한 공증인법은 공증인의 피고용인이나 보조자도 공증에 참여할 수 없다고 규정합니다. 다만 유언을 촉탁하는 사람이 참여를 청구한 경우에는 가능합니다.

사례의 경우 법무법인 소속 직원이 유언의 증인으로 참여하였

습니다. 그런데 이 직원은 공증인의 피고용인이나 보조자일 가능성이 크기 때문에 유언의 증인이 될 수 없습니다. 다만 김법치 씨가 증인으로 참여해 달라고 청구하였다면 가능합니다. 사례의 경우 김법치 씨가 그 직원에게 증인으로 참여해달라고 청구했음을 인정할 증거가 없다면 유언 전체가 무효가 될 것입니다.

공정증서에 의한 유언의 경우 증인 2명이 필요한데, 증인을 구하기 마땅치 않은 경우가 있습니다. 그래서 공증 사무실의 직원이 증인이 되는 경우가 있는데 그 직원은 증인 자격이 없어 자칫 유언 전체가 무효가 될 수 있습니다. 따라서 공증 사무실 직원을 증인으로 세우기 위해서는 그 직원에게 증인으로 참여해달라고 청구하고 '그러한 내용이 유언증서에 분명히 기재되도록' 해야 합니다. 유언의 증인으로 내세울 사람이 마땅히 없다고 해서 사전 검토 없이 즉석에서 아무나 증인을 세우는 것의 위험성을 알려주는 사례가 아닌가 싶습니다.

구수증서에 의한 유언은 효력이 있나요?

― 법조문 ―

민법 제1070조(구수증서에 의한 유언)

① 구수증서에 의한 유언은 질병 기타 급박한 사유로 인하여 전4조의 방식에 의할 수 없는 경우에 유언자가 2인 이상의 증인의 참여로 그 1인에게 유언의 취지를 구수하고 그 구수를 받은 자가 이를 필기낭독하여 유언자의 증인이 그 정확함을 승인한 후 각자 서명 또는 기명날인하여야 한다.

② 전항의 방식에 의한 유언은 그 증인 또는 이해관계인이 급박한 사유의 종료한 날로부터 7일 내에 법원에 그 검인을 신청하여야 한다.

구두로 씨는 위암으로 종합병원에 입원했습니다.

그는 죽을 날이 얼마 남지 않았다고 생각해 유언을 작성하기 위해

친구 2명을 불러 증인으로 참여하게 합니다.

구두로 씨가 유언을 하고 친구 도진구 씨가 이를 필기하였고 나칭구 씨가 전체 낭독을 하여 3명 모두 정확함을 승인한 후,

최종 유언장에 각자의 이름을 쓰고 도장을 찍었습니다.

이후 구두로 씨는 편안함을 되찾고

문병 온 사람들과 이야기도 나누었습니다.

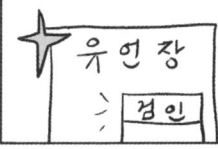

그러나 구두로 씨는 유언장을 작성하고 25일 후 사망하였습니다.

유언의 증인인 친구 도진구 씨는 가정법원에 유언검인을 신청하고,

법원에서 검인을 받았습니다. 과연 이 유언이 구수증서에 의한 유언으로 효력이 있을까요?

결론

<u>구두로 씨의 유언장은 구수증서에 의한 유언의 방식에 어긋난 것이어서 무효입니다.</u>

참고판례: 대법원 1999. 9. 3. 선고 98다17800 판결

역시나 유언의 요식성을 살펴보는 사례입니다. 유언에 요식성을 요구하는 것은 유언자의 진의를 명확히 하고 그로 인한 법적 분쟁과 혼란을 방지하기 위한 것입니다.

민법은 유언의 방식을 다섯 가지로 규정하고 있습니다. 자필증서, 녹음, 공정증서, 비밀증서, 구수증서입니다.

구수증서에 의한 유언은 유언자가 구술한 내용을 글로 작성한 증서에 의해 유언을 하는 것입니다. 2인 이상 증인의 참여하에 그중 1인에게 유언의 취지를 구수하고 그가 이를 필기낭독하여 증인이 그 정확함을 승인한 후 각자 서명 또는 기명날인하는 방법으로 진행합니다. 그런데 구수증서에 의한 유언은 질병이나 기타 급박한 사유로 인하여 다른 유언 방식에 의할 수 없는 경우에 허용됩니다.

사례의 경우 구두로 씨는 유언을 할 당시 산책도 하고 정상적인 대화도 가능한 상태였기 때문에 자필증서, 공정증서, 녹음 등에 의한 유언도 가능했을 것으로 보입니다. 따라서 구두로 씨의 유언장은 그 방식이 민법에 어긋난 것이어서 무효입니다.

  또한 구수증서에 의한 유언은 그 증인 또는 이해관계인이 급박한 사유가 종료한 날로부터 7일 내에 법원에 그 검인을 신청하여야 합니다. 만약 구두로 씨에게 급박한 사유가 있어서 구수증서에 의한 유언을 했더라도 급박한 사유가 종료하고 7일 내에 법원에 그 검인을 신청했어야 하고, 이 기간을 넘겨서 검인을 신청했다면 구수증서에 의한 유언은 효력이 없습니다.

  사례에서 친구 도진구 씨는 구두로 씨가 사망한 시점이 아니라 유언장을 남긴 시점에서 7일 이내에 법원에 검인 신청을 했어야 합니다.

  이러한 점에 비추어볼 때 구수증서에 의한 유언은 유언의 방식 중에서도 최후의 수단으로서만 활용해야 할 듯합니다. 즉 심각한 질병 등으로 다른 대안이 없을 때 마지막 선택지가 되었으면 합니다. 가능하다면 자필증서, 공정증서에 의한 유언을 하는 것이 보다 안전한 방법입니다.

유언을 취소할 수도 있나요?

법조문

민법 제1108조(유언의 철회)

① 유언자는 언제든지 유언 또는 생전행위로써 유언의 전부나 일부를 철회할 수 있다.
② 유언자는 그 유언을 철회할 권리를 포기하지 못한다.

민법 제1109조(유언의 저촉)

전후의 유언이 저촉되거나 유언 후의 생전행위가 유언과 저촉되는 경우에는 그 저촉된 부분의 전 유언은 이를 철회한 것으로 본다.

제1110조(파훼로 인한 유언의 철회)

유언자가 고의로 유언증서 또는 유증의 목적물을 파훼한 때에는 그 파훼한 부분에 관한 유언은 이를 철회한 것으로 본다.

전근대 씨는 세 자녀가 있는데 전 재산을 장남에게 모두 유증한다는 공식 유언을 남깁니다.

그러나 이후 전탕진 씨는 방탕한 생활로 아버지를 실망시켰고,

반면, 딸들인 전서운과 전나은 씨는 전근대 씨를 극진히 모셨습니다.

결국 최초 유언 후 5년 후에 전근대 씨는 동일한 방법으로 공식 유언을 남깁니다.

그후 전근대 씨가 사망하자 아들 전탕진 씨는 X토지를 자기 소유로 소유권이전등기를 합니다.

그러나 딸들은 반발하며 전탕진 씨를 대상으로 소송을 제기합니다.

 **결론**

전근대 씨의 첫 번째 유언은 5년 뒤에 한 두 번째 유언에 의해 철회되었으므로 효력이 없습니다. 따라서 전서운, 전나은 씨의 전탕진 씨에 대한 말소등기청구 소송은 승소할 것으로 예상됩니다.

유언을 했다가도 마음이 바뀔 수 있습니다. 그런 경우 유언자는 언제든지 유언을 철회할 수 있습니다. 유언도 번복이 가능하다는 것이지요. 유언을 철회한다고 명확하게 밝히면서 철회할 수도 있지만, 사례와 같이 먼저 한 유언에 저촉되는 내용의 새로운 유언을 한 경우에도 앞의 유언은 철회된 것으로 봅니다.

사례의 경우 전근대 씨가 전 재산인 X토지를 장남인 전탕진 씨에게 유증하는 유언을 하였다가, 이를 바꾸어 딸들인 전서운, 전나은 씨에게 유증하는 유언을 한 것은 전후의 유언이 저촉되기 때문에 먼저 한 유언은 철회된 것으로 보아야 합니다. 장남에게 주기로 했지만 장남이 너무나 실망을 시키고 또 상대적으로 딸들이 잘해서 유언을 번복한 것이지요. 따라서 전서운과 전나은 씨는 새로운 유언에 의해 X토지를 유증 받게 됩니다.

 유언의 철회는 이외에도 여러 경우에 인정되고 있습니다.
 유언자가 고의로 유언증서 또는 유증의 목적물을 파손하여 없애버린 때에도 유언을 철회한 것으로 보고, 유언자가 유증한 목적물을 다른 사람에게 처분한 경우에도 마찬가지입니다.

 앞에서 설명드린 것처럼 유언의 철회는 명시적으로 또는 묵시적으로 모두 할 수 있지만, 사후 가족들의 분쟁을 줄이기 위해서는 유언이 철회되었음을 명확하게 밝히는 것이 좋습니다.

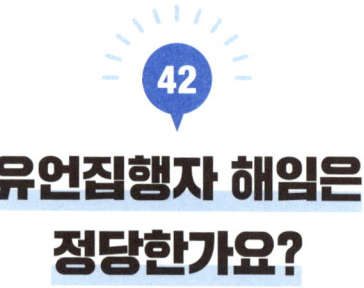

유언집행자 해임은 정당한가요?

법조문

민법 제1106조(유언집행자의 해임)

지정 또는 선임에 의한 유언집행자에 그 임무를 해태하거나 적당하지 아니한 사유가 있는 때에는 법원은 상속인 기타 이해관계인의 청구에 의하여 유언집행자를 해임할 수 있다.

마감준 씨는 자신이 사망하기 전 공증 사무실에서 유언을 진행하였습니다.

그 내용은 자신의 재산 중 많은 부분은 상속인들에게 골고루 나누어 주고 일부는 제3자에게 유증한다는 것입니다.

더불어 마감준 씨는 유언의 원활한 집행을 위하여 '유언집행자'로서 변호사인 자신의 친구를 지정하였습니다.

그러나 마감준 씨가 사망하고 유언을 집행하는 과정에서 상속인들과의 갈등이 발생합니다.

마감준 씨가 유언에서 분배해 달라고 한 예금의 상당 부분이 상속인들에 의해 이미 인출되었기 때문입니다.

상속인들은 유언집행자에 대해 법원에 해임을 청구합니다.

과연 상속인들의 청구는 받아들여질까요?

 **결론**

유언집행자가 유언을 충실히 집행하는 과정에서 상속인들과 갈등이 초래될 수도 있기에 유언집행자에 대한 해임청구는 부당합니다. 상속인들의 청구는 받아들여지기 어렵습니다.

참고판례: 대법원 2011. 10. 27.자 2011스108 결정

모든 활동에는 그 행위를 집행하는 사람이 있습니다. 가장 막강한 실행권한을 가진 사람이죠. 유언에서도 집행자를 선정할 수 있습니다.

유언을 집행하는 사람을 유언집행자라 합니다. 유언자는 유언으로 유언집행자를 지정할 수 있습니다. 지정된 유언집행자가 없는 경우에는 상속인이 유언집행자가 됩니다.

유언이 충실하게 이행되도록 하기 위해서는 믿을 만한 제3자를 유언집행자로 지정하는 것이 좋습니다. 특히 유언자가 제3자에게 유증한 경우와 같이 유언의 집행이 상속인의 이익에 반하는 경우 상속인들은 그 이행을 꺼릴 수 있기 때문에 제3자를 유언집행자로 지정할 필요성이 있습니다.

유언집행자가 유언을 집행하는 과정에서 상속인들과 갈등이 생길 수 있습니다. 특히 유언의 집행이 상속인들에게 불이익이 되는 경우 유언집행자와 상속인들 간에 갈등이 생길 가능성은 더 높아지겠죠.

사례의 경우 마감준 씨가 유언에서 분배해달라고 한 예금의 상당 부분이 상속인들에 의해 이미 인출된 문제로 유언집행자와 상속인들 간에 갈등이 생겼습니다. 유언집행자는 상속인들에게 인출된 예금을 반환하라고 주장하였고, 상속인들은 남은 예금을 분배해달라고 주장했습니다.

대법원은 일부 상속인들과 유언집행자 사이에 갈등이 초래되었다는 사정만으로 유언집행자를 해임할 수 없다는 입장입니다. 유언 자체가 상속인들에게 불이익한 내용이 있을 수 있기에 상속인들과의 갈등을 이유로 한 유언집행자의 해임 자체는 부당하다 할 것입니다. 이러한 사례를 보면 유언을 잘 하는 것도 중요하지만, 그 유언을 충실하게 집행할 믿을 만한 유언집행자를 정해놓는 것도 못지않게 중요한 일임을 알 수 있습니다.

7장
최소한의 몫, 유류분

43
유류분이란 무엇인가요?

◦ 법조문 ◦

민법 제1112조(유류분의 권리자와 유류분)

상속인의 유류분은 다음 각호에 의한다.
1. 피상속인의 직계비속은 그 법정상속분의 2분의 1
2. 피상속인의 배우자는 그 법정상속분의 2분의 1
3. 피상속인의 직계존속은 그 법정상속분의 3분의 1
4. 피상속인의 형제자매는 그 법정상속분의 3분의 1

부인과 두 자녀와 함께 가정을 이루고 알콩달콩 잘 살던 부덕한 씨는, 	아내 추모애 씨가 먼저 세상을 떠나자 극심한 스트레스에 시달렸습니다. 
외롭게 지내던 부덕한 씨는 동네 다방에 자주 놀러가게 되었고, 	그 다방에서 일하는 여우현 씨와 가까워졌습니다. 
항상 자신에게 상냥한 여우현 씨를 좋아하게 된 부덕한 씨는 	급기야 자신의 전 재산 10억 원을 모두 그녀에게 주겠다는 유언을 하고 사망하였습니다. 
	유언상 한푼도 못 받게 된 부가진, 부가혜 씨는 어떻게 구제 받을 수 있을까요? 

 **결론**

부가진, 부가혜 씨는 여우현 씨에게 유류분반환을 청구할 수 있습니다. 자신들의 상속분(1/2)의 반인 1/4을 유류분으로 청구할 수 있습니다.

상속인에게 정해진 최소한의 몫이 있는데 이를 받지 못한다면 속상하고 서운하겠죠? 바로 유류분이란 제도인데요, 유류분 청구를 통해 정당하게 자신의 몫을 챙길 수가 있으니 잘 알아 두시면 유용하리라 생각합니다.

사례에서 부덕한 씨의 사망으로 자녀들인 부가진, 부가혜 씨가 상속인이 되어 1/2씩 상속을 받습니다.

그런데 부덕한 씨의 유증으로 인하여 부가진, 부가혜 씨는 한 푼도 못받게 되었습니다. 이 경우 상속인들은 유류분반환을 청구할 수 있습니다. 상속 수혜자(법률용어로 수유자라 합니다)에게 자신의 최소한의 몫만큼 반환하라고 요구하는 거죠. 부가진, 부가혜 씨의 유류분은 법정상속분의 1/2이므로 1/4 씩입니다. 따라서 부가진, 부가혜 씨는 상속재산인 10억 원 중 각 1/4인 2억 5천만 원씩을 여우현 씨에게 유류분으로 반환청구할 수 있습니다. 유류분반환청구를 하면 여우현 씨의 몫은 결국 5억 원이 됩니다.

피상속인의 재산처분의 자유·유언의 자유는 인정하지만, 유족들의 생존권을 보호하고, 상속재산 형성에 대한 기여, 상속재산에 대한 기대를 보장하기 위해 인정된 것이 유류분 제도입니다. 피상속인의 증여나 유언의 자유는 이러한 유류분 인정 범위에서 제한을 받게 됩니다.

한편 부가진, 부가혜 씨가 유류분반환청구를 할 때 주의점이 있는데, 유류분청구권은 소멸시효가 매우 짧다는 것입니다. 유류분 권리자가 상속의 개시와 반환 요청을 할 수 있는 증여 또는 유증을 한 사실을 인지한 때로부터 1년 내에 하지 아니하면 시효에 의하여 소멸합니다. 간단히 말해 보통의 경우 유류분반환청구는 상속이 일어나고 1년 안에 청구해야 한다는 것이지요. 물론 피상속인의 사망 시 상속인이 외국에 있어서 유언을 몰랐다는 등의 사유가 있다면 상속개시한 때로부터 10년 이내에 청구하는 것이 가능한 경우도 있기는 합니다.

어찌되었든 유류분반환청구를 하려는 상속인은 소멸시효가 완성되기 전에 신속하게 권리를 행사해야 합니다.

증여에 동의했던 형제들이 유류분을 청구할 수 있나요?

판례

대법원 2011. 4. 28. 선고 2010다29409 판결 [유류분청구]

유류분을 포함한 상속의 포기는 상속이 개시된 후 일정한 기간 내에만 가능하고 가정법원에 신고하는 등 일정한 절차와 방식을 따라야만 그 효력이 있으므로, 상속 개시 전에 한 유류분 포기약정은 그와 같은 절차와 방식에 따르지 아니한 것으로 효력이 없다.

부모님 아래 사이 좋은 6남매가 있었습니다.

모두 원만한 가정을 이뤄 첫째를 중심으로 똘똘 뭉쳐 즐겁게 생활했습니다.

모두들 부모님을 끝까지 모시고 제사를 지내는 조건으로 시골 땅을 첫째인 모두다 씨에게 증여하기로 한 결정에 동의했습니다.

모두다 씨가 물려 받는 땅은 한 평에 몇 천 원밖에 되지 않는 농사 짓는 땅에 불과했기 때문입니다.

정식 동의서와 공증은 받지 않았지만 모두의 동의는 기정사실화되었습니다.

그런데 부모님이 사망 전, 그 지역에 도로가 뚫리고 개발이 되면서 순식간에 땅값이 치솟아 수십억 원을 호가하는 상황이 벌어졌습니다.

 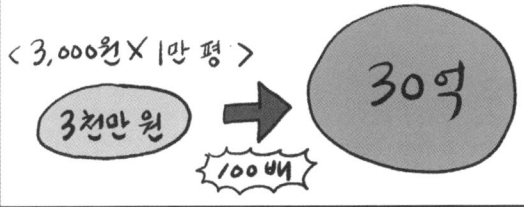

남매사이의 우애는 서서히 금이 갔습니다.

부모 사망 후 5남매가 한 유류분반환 청구는 받아들여 질까요?

 **결론**

부모님이 돌아가시 전에 한 유류분 포기의 약속은 무효이기 때문에 부모 사망 후 동생들은 유류분반환을 청구할 수 있습니다.

증여나 유증에서 소외되어 억울한 상속인을 달래주는 것이 유류분 제도가 아닌가 합니다.

피상속인의 증여나 유언 때문에 상속인이 상속을 받지 못하거나 아주 적게만 상속 받는 경우가 있습니다. 이 경우 상속인에게 일정 범위(상속분의 1/2 또는 1/3)의 상속분을 보장해주는 것이 유류분 제도입니다.

사례에서 부모님이 증여 없이 사망하였다면 6남매가 평등하게 상속 받았을 것입니다. 그런데 부모님이 장남에게만 전 재산을 증여하고 사망하였기 때문에 5명의 동생들은 전혀 상속을 받지 못하게 되었습니다. 이러한 경우 동생들은 원래 받을 수 있었던 상속분의 1/2인 1/12(= 1/6 × 1/2)을 유류분으로 청구할 수 있습니다.

그런데 동생들은 부모님이 장남에게 증여할 당시에는 증여에 모두 동의한 상태였습니다. 부모님이 돌아가시더라도 유류분을 행사하지 않기로 약속한 것이지요. 그런데도 부모님이 돌아가신 후 태도를 바꿔 유류분을 청구할 수 있을까요?

판례는 유류분의 포기는 상속이 개시된 후에 가능하다는 입장입니다. 사례에서 동생들이 유류분 포기의 약속을 하였더라도 이는 부모님 사망 전에 했기에 효력이 없습니다. 동생들이 유류분 포기 약속을 구두로 하든 서면으로 하든 마찬가지입니다.

장남의 입장에서는 동생들의 태도 변화가 불만일 수 있으나 법적으로는 어쩔 수 없습니다. 동생들은 부모님이 돌아가시고 1년 이내에는 장남을 상대로 유류분을 청구할 수 있습니다. 유류분 청구로 인해 형제 사이의 우애가 손상되는 일은 없었으면 좋겠으나 이를 기대하기는 힘들겠죠?

사망하기 얼마 전에 한 증여까지 유류분반환의 대상이 되나요?

◇ 법조문 ◇

민법 제1114조(산입될 증여)

증여는 상속 개시 전의 1년간에 행한 것에 한하여 제1113조의 규정에 의하여 그 가액을 산정한다. 당사자 쌍방이 유류분권리자에 손해를 가할 것을 알고 증여를 한 때에는 1년 전에 한 것도 같다.

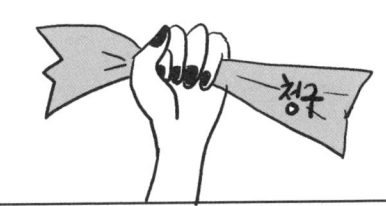

 **결론**

편찬은 씨는 편중해 씨를 상대로 자신의 상속분(1/2)의 1/2인 1/4을 유류분으로 청구할 수 있습니다.

편협한 씨의 사망으로 자녀들인 편중해, 편찬은 씨가 상속인이 됩니다. 둘은 1/2씩 상속을 받습니다. 그런데 유언이나 증여로 자신의 유류분이 침해된 상속인은 유류분반환청구를 할 수 있습니다. 편찬은 씨의 유류분은 상속분의 1/2인 1/4입니다.

사례의 경우 편협한 씨는 상속인 중 1명인 편중해 씨와 상속인이 아닌 친구 주석군 씨에게 사망하기 5년 전에 증여를 하였습니다. 편협한 씨의 증여로 인하여 편찬은 씨는 한푼도 못 받게 되었는 바, 누구를 상대로 유류분반환청구를 할 수 있을지 문제가 됩니다.

민법은 상속 개시 전 1년간에 행한 증여에 한하여 유류분반환을 청구할 수 있다고 규정하고 있습니다. 사망하기 1년 전에 한 증여는 유류분반환의 대상이 되지 않는 것이 원칙입니다. 다만 예외적으로 증여의 당사자 쌍방이 유류분 권리자에게 손해를 가할 것을 알고 증여한 때에는 1년 전에 한 것이라도 유류분 반환 대상이 됩니다.

증여를 받은 사람이 상속인이 아니라면 사망 1년 전에 한 증여는 유류분반환이 되지 않는 것이 원칙이라고 보시면 됩니다.

그런데 증여를 받은 사람이 상속인 중 1명인 경우는 그런 제한이 없습니다. 상속인에게 한 증여는 상속 개시 1년 이전에 했어도 유류분반환 대상이 된다는 것이 판례입니다. 상속인 중 한 명이 증여를 받은 것은 상속분을 미리 받은 것이기 때문에 증여 받은 시점이 아무리 오래되었어도 유류분반환 대상이 된다는 것입니다.

사례의 경우 편협한 씨가 친구인 주석군 씨에게 증여한 것은 사망 1년 전이기 때문에 원칙적으로 유류분반환 대상이 되지 않고, 자녀 편중해 씨에게 한 증여는 상속인에게 했기에 유류분반환의 대상이 됩니다. 따라서 편찬은 씨는 편중해 씨에게 유류분반환청구를 할 수 있습니다.

같은 시점에 한 증여라도 제3자에게 한 것은 대상이 안 되고, 상속인에게 한 것은 대상이 된다는 것이니 유류분 제도 또한 여러 변수가 많다고 볼 수 있습니다.

증여 받은 재산의 가격이 오른 만큼 유류분반환도 늘어나나요?

○ 판례 ○

대법원 2015. 11. 12. 선고 2010다104768 판결 [유류분반환]

유류분반환의 범위는 상속 개시 당시 피상속인의 순재산과 문제된 증여재산을 합한 재산을 평가하여 그 재산액에 유류분 청구권자의 유류분 비율을 곱하여 얻은 유류분액을 기준으로 산정하는데, 증여 받은 재산의 시가는 상속 개시 당시를 기준으로 하여 산정하여야 한다.
다만 증여 이후 수증자나 수증자에게서 증여재산을 양수한 사람이 자기 비용으로 증여재산의 성상(性狀) 등을 변경하여 상속 개시 당시 가액이 증가되어 있는 경우, 변경된 성상 등을 기준으로 상속 개시 당시의 가액을 산정하면 유류분 권리자에게 부당한 이익을 주게 되므로, 이러한 경우에는 그와 같은 변경을 고려하지 않고 증여 당시의 성상 등을 기준으로 상속 개시 당시의 가액을 산정하여야 한다.

유목민 씨는 최초녀 씨와 결혼하여 자녀 유별란 씨를 가졌습니다.

그 후 최초녀 씨와 이혼한 후 나중여 씨를 만나 결혼하여 자녀 유리한 씨를 두었습니다.

그는 생전에 모든 재산을 나중여 씨와 아들에게 증여했습니다.

5년 후 유목민 씨는 사망했는데 그사이 나중여 씨에게 증여한 토지가 증여 당시 1억 원에서 2억 원으로 가격이 올랐습니다.

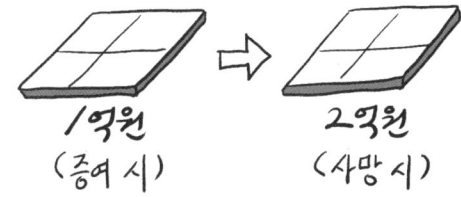

한편 아들 유리한 씨에게 증여한 토지는 증여 이후 임야 상태에서 창고 용지로 지목을 변경하여 증여 당시 1억 원에서 사망 시 4억 원이 되었습니다.

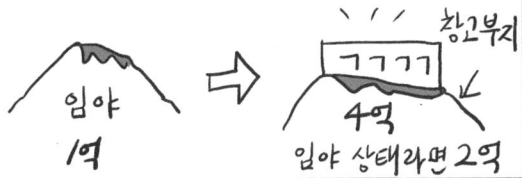

즉 오른 금액으로 나중여 씨가 2억, 유리한 씨가 4억을 갖게 된 것입니다.

유목민 씨와 전부인 사이에서 낳은 딸 유별란 씨는 유목민 씨 사망 후 얼마 지나지 않아 나중여 씨와 유리한 씨를 상대로 유류분반환청구를 합니다.

그렇다면 유류분반환청구 시 각각의 토지는 얼마를 기준으로 적용할까요?

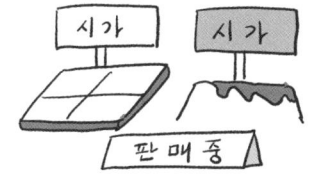

> ⚖️ **결론**
>
> 유류분반환의 경우 증여 받은 재산의 시가는 피상속인 사망 시인 상속 개시 당시를 기준으로 하여 산정합니다. 다만 증여 받은 사람이 자기 비용으로 증여재산의 성상(사물의 성질이나 상태를 의미함)을 변경하여 가액이 증가한 경우에는 증여 당시의 성상을 기준으로 가액을 산정합니다. 따라서 두 토지 모두 2억 원을 기준으로 유류분반환 범위를 계산할 수 있습니다.

증여 받은 재산까지 유류분반환청구의 대상이 되니 상속 개시 시 여러 가지를 조목조목 따져봐야겠군요.

유목민 씨의 사망으로 유별란 씨는 나중여, 유리한 씨와 함께 상속인이 됩니다. 상속분은 나중여 씨가 배우자로서 5할이 가산되어 1.5이고, 유리한과 유별란 씨는 자녀로서 각 1씩입니다. 따라서 유별란 씨의 상속분은 3.5 중 1입니다. 즉 1/3.5이고, 분모와 분자에 2를 곱하면 2/7가 됩니다.

그런데 유목민 씨의 증여로 인하여 한푼도 못 받게 되었으므로 유별란 씨는 나중여, 유리한 씨를 상대로 유류분을 청구할 수 있습니다. 유별란 씨의 유류분은 법정상속분의 1/2이므로 1/7(2/7×1/2)입니다.

유류분 산정 시 증여 받은 재산의 시가는 피상속인 사망 시인 상속 개시 당시를 기준으로 하여 산정한다는 것이 판례입니다. 증여 당시에는 1억 원이었던 증여재산이 피상속인 사망 시에 2억 원으로 가격이 올랐다면 2억 원을 기준으로 유류분을 계산합니다.

그런데 증여 받은 사람이 자기 비용으로 증여재산의 성상을 변경하여 상속 개시 당시 가액이 증가되어 있는 경우, 변경된 성상 등을 기준으로 가액을 산정하면 유류분 권리자에게 부당한 이익을 주게 되므로, 이러한 경우에는 그와 같은 변경을 고려하지 않고 증여 당시의 성상 등을 기준으로 가액을 산정하여야 합니다. 황무지를 증여 받은 사람이 토지를 개간하여 옥토로 만든 경우 증여 당시의 토지 상태였던 황무지를 기준으로 가액을 산정한다고 보면 됩니다.

사례에서 나중여 씨에게 증여한 토지는 유목민 씨 사망 시의 시가인 2억 원을 기준으로 유류분을 산정합니다. 유리한 씨에게 증여한 토지는 그가 증여 받은 후 창고 용지로 조성하였으므로 증여 받을 당시의 상태인 임야를 기준으로 가액을 산정합니다. 따라서 유리한 씨가 증여 받은 토지도 2억 원을 기준으로 유류분을 산정하면 됩니다.

기여분과 유류분 중 어느 것이 먼저인가요?

✦✦✦✦✦✦✦✦✦✦✦✦✦✦✦ 법조문 ✦✦✦✦✦✦✦✦✦✦✦✦✦✦✦

민법 제1008조의2(기여분)

③ 기여분은 상속이 개시된 때의 피상속인의 재산가액에서 유증의 가액을 공제한 액을 넘지 못한다.

✦✦✦✦✦✦✦✦✦✦✦✦✦✦✦✦✦✦✦✦✦✦✦✦✦✦✦✦✦✦✦✦✦✦

기운센 씨에게는 4명의 자녀가 있었습니다.

기운센 씨는 장남 기가장 씨와 생활하다가 사망하였습니다.

기운센 씨는 생전에 장남에게 1억 6천만 원을 증여하였으며 사망 시에는 아무런 재산이 없었습니다.

기운센 씨 사망 후 기가장 씨가 증여 받은 돈에 대하여 분쟁이 발생하였습니다.

즉 장남 기가장 씨가 주장하는 기여분과 동생들의 유류분과의 관계에서 서로의 주장이 강하게 대립하였습니다.

결국 동생들은 기가장 씨를 상대로 유류분청구소송을 제기하였습니다.

이들은 과연 승소할 수 있을까요?

결론

유류분반환청구소송에서 기가장 씨는 기여분을 주장할 수 없으므로 동생 3명은 각 2천만 원씩 승소할 수 있습니다.

참고판례: 대법원 2015. 10. 29. 선고 2013다60753 판결

피상속인의 재산 유지 또는 증가에 특별히 기여하거나 피상속인을 특별히 부양한 자는 기여분을 주장할 수 있습니다. 기여분의 산정은 상속인들의 협의에 의하여 정하고, 협의가 되지 않으면 가정법원이 심판으로 정합니다.

기여분은 상속재산분할을 할 때 청구합니다. 그런데 기운센 씨가 사망할 당시에 분할할 상속재산이 없었기 때문에 상속재산분할청구는 할 수 없고, 따라서 기여분도 청구할 수 없습니다. 실제 사례에서도 기가장의 상속재산분할청구와 기여분 청구는 모두 인정되지 않았습니다.

그리고 기여분은 유류분과 관계가 없기 때문에 유류분반환청구에서 기여분을 주장할 수는 없다는 것이 판례입니다. 따라서

동생 3명(기고만, 기항소, 기재심)의 유류분반환청구에서 기가장 씨는 자신이 아버지를 부양하였으므로 기여분이 있다는 주장을 하지 못합니다.

동생 3명은 원래 1/4씩인 4천만 원을 상속 받을 수 있었으므로, 유류분으로 그 1/2인 2천만 원씩을 기가장 씨에게 반환 청구할 수 있습니다.

이러한 판례에 대해서 피상속인을 부양한 상속인이 기여분을 인정받지 못하여 불공평하므로 유류분반환청구에서도 기여분을 고려해야 한다는 비판이 있습니다. 기여분 상당은 기여한 자의 정당한 몫으로서 상속을 미리 해준 특별수익은 아니라고 인정하면 그 부분만큼은 다른 상속인의 유류분반환청구를 막을 수 있습니다. 실제 사례에서도 기가장은 아내와 함께 아버지를 23년간 부양하여 오면서 병원비, 간병비 등으로 최소 3천만원 이상을 지출하였고, 아버지 집을 수리하는 등으로 아버지 재산의 유지·관리에 기여한 바 있습니다. 판례의 변경이 필요하다고 생각합니다.

치매가 있으면 유언을 못 남기나요?

✧✧✧✧✧✧✧✧✧✧✧✧✧✧✧ 법조문 ✧✧✧✧✧✧✧✧✧✧✧✧✧✧✧

민법 제1117조(소멸시효)

반환의 청구권은 유류분 권리자가 상속의 개시와 반환하여야 할 증여 또는 유증을 한 사실을 안 때로부터 1년 내에 하지 아니하면 시효에 의하여 소멸한다. 상속이 개시한 때로부터 10년을 경과한 때도 같다.

유발한 씨는 상속인으로 아들과 2명의 딸이 있습니다. 그는 생전에

자신의 재산인 토지를 전부 아들에게 유증한다는 유언을 남겼습니다.

그러나 유발한 씨가 사망하고 얼마 지나지 않아 그의 딸들이 유언 내용을 알게 되었습니다.

딸 유리혜 씨와 유감화 씨는 유발한 씨가 사망한 지 1년이 지난 시점에 유복한 씨를 상대로 소송을 제기합니다.

딸들은 아버지 유발한 씨가 유언 당시에 문제가 있었다고 주장합니다.

사실 유발한 씨가 약간의 치매가 있었던 것은 사실이지만 의사결정에는 문제가 없고, 딸들도 그러한 사실을 잘 알았습니다.

그녀들의 청구는 과연 법원에서 받아들여질까요?

 **결론**

유리혜, 유감화 씨의 유류분반환청구는 소멸시효가 완성된 이후의 청구여서 인정되기 어렵습니다.

 사안이 그리 단순하지 않네요. 소송을 한 사람들이 자신들에게 유리한 판결을 받기 위해 여러 가지로 고민(?)을 한 흔적이 엿보이기도 하구요.

 유리혜와 유감화 씨는 소송에서 유발한 씨가 유언을 할 당시 치매를 앓고 있었기 때문에 유언이 무효라고 주장하였습니다. 유발한 씨가 중증 치매로 의사결정 능력이 없는 상태에서 유언을 하였다면 무효가 될 수 있습니다. 그런데 유발한 씨는 치매가 심하지 않아 유언을 하는 데 별문제가 없는 상태였기 때문에 그 유언이 무효라고 보기는 어렵습니다.

 유리혜와 유감화 씨는 그러한 사실을 알면서도 소송에서 유발한 씨의 유언이 무효라는 주장을 하였습니다. 그 이유는 무엇일까요? 유발한 씨의 유언이 유효인 것을 알았다면 둘은 유복한 씨를 상대로 유류분반환을 청구했어야 합니다. 그런데 유류분반환

청구권은 소멸시효가 1년으로 매우 짧습니다. 둘이 소송을 제기한 시점에는 이미 소멸시효가 완성되어 유류분반환청구권이 소멸한 상태였습니다.

  그래서 유리혜와 유감화 씨는 유발한 씨의 유언이 무효라고 먼저 주장한 것입니다. 유발한 씨의 유언이 무효라고 믿었기 때문에 유류분반환청구권을 행사하지 않았다고 주장하기 위한 것이죠. 유류분반환청구권의 소멸시효를 피해가기 위한 꼼수인 것입니다. 그러나 유언이 무효라는 주장이 근거 없는 구실에 지나지 아니한 경우에는 유언을 안 때부터 소멸시효가 진행된다는 것이 판례의 입장입니다. 사례에서 유리혜와 유감화 씨는 유발한 씨의 유언이 유효이고, 그 유언으로 자신들의 유류분이 침해되는 사실을 알고 1년이 지나 소송을 제기하였기 때문에 유류분반환소송에서 승소하기 어렵습니다. 지나친 꼼수는 금물입니다.

8장 똑똑한 절세법

상속공제는 얼마까지 받을 수 있나요?

법조문

상속세 및 증여세법 제21조(일괄공제)

① 거주자의 사망으로 상속이 개시되는 경우에 상속인이나 수유자는 제18조제1항과 제20조 제1항에 따른 공제액을 합친 금액과 5억원 중 큰 금액으로 공제받을 수 있다.

공제한 씨는 가족으로 아내와 두 자녀가 있고 재산은 10억 원 정도입니다.

그는 자신이 사망 시 가족들이 상속세를 많이 낼까 노심초사 합니다. 공제한 씨의 고민은 과연 합리적일까요?

안부과 씨 역시 10억 재산에 가족으로 자녀들이 있습니다.

그는 공제한 씨에 비해 천하태평입니다. 상속세 걱정을 전혀 하지 않는 안부과 씨의 생각은 합리적일까요?

신절세 씨는 가족과 더불어, 재산은 15억 원 정도 가지고 있습니다.

그가 소유한 주택에서 부부와 장남은 10년 넘게 동거하고 있습니다.

장남 신세진 씨는 현재 무주택자입니다.

신절세 씨는 자신이 사망했을 때 가족들이 상속세를 적게 내는 방법을 고민합니다.

상속세를 절감하는 방법에는 어떠한 것들이 있을까요?

⚖️ 결론

① 공제한 씨 사망 시 상속세는 부과되지 않습니다.
② 안부과 씨 사망 시 상속재산 5억 원 정도는 상속세가 부과될 수 있으므로 절세 방법을 찾는 것이 좋습니다.
③ 신절세 씨 사망 시 장남 신세진 씨가 주택을 상속 받으면 동거주택상속공제를 받을 수 있어 상속세를 내지 않아도 됩니다.

누구나 상속세를 덜 내고 싶어 할 것입니다. 합법적으로 절세하는 가장 손쉬운 방법은 상속공제를 활용하는 것입니다.

상속공제는 일반적으로 5억 원까지 일괄공제가 가능하고 배우자가 생존해 있는 경우에는 배우자 공제 5억 원이 추가됩니다. 따라서 배우자가 살아 있는 경우에는 합계 10억 원까지 상속공제가 되어 납부할 상속세가 없습니다.

사례에서 공제한 씨가 배우자보다 먼저 사망할 경우 상속공제를 10억까지 받게 되어 상속세를 납부하지 않아도 됩니다. 때문에 공제한 씨가 상속세로 고민하는 것은 쓸데없는 걱정입니다. 만약 재산이 5억 원 이하인데도 상속세를 고민하는 분들이 계시다면 불필요한 걱정이므로 내려놓으시길 바랍니다.

안부과 씨는 배우자 공제를 받을 수 없어 일괄공제 5억 원만 가능합니다. 따라서 나머지 5억 원(일괄공제 5억 원을 공제한 나머지 금액)에는 상속세가 부과될 수 있기에 절세 방법을 미리 계획하는 것이 현명합니다.

신절세 씨 역시 일괄공제와 배우자 공제로 10억 원까지는 상속공제를 받을 수 있습니다. 그리고 동거주택상속공제를 활용하면 추가로 6억 원을 더 받을 수 있습니다. 동거주택상속 공제는 ① 피상속인과 직계비속인 상속인이 10년 이상 계속하여 하나의 주택에 동거하고, ② 동거 기간 내 계속하여 1세대를 구성하면서 1세대 1주택에 해당하고, ③ 무주택자로서 피상속인과 동거한 상속인이 주택을 상속 받는 경우 받을 수 있습니다. 6억 원을 한도로 하여 상속 주택 가액의 80%에 상당하는 금액을 과세가액에서 공제받습니다. 신절세 씨의 경우 장남이 주택을 상속 받는 것으로 상속재산 분할을 하면 동거주택상속공제를 추가로 6억 원을 받아 상속인들은 상속세를 한푼도 내지 않습니다.

이와 같이 상속에 있어서는 상속공제 금액이 크기 때문에 이를 잘 활용해야합니다. 자신에게 적용되는 상속공제를 잘 알아보고, 절세 계획을 수립하는 것이 현명합니다.

상속세를 줄이는 황금 비율

━━━ 법조문 ━━━

상속세 및 증여세법 제19조(배우자 상속공제)

① 거주자의 사망으로 상속이 개시되어 배우자가 실제 상속받은 금액의 경우 다음 각 호의 금액 중 작은 금액을 한도로 상속세 과세가액에서 공제한다.

1. 다음 계산식에 따라 계산한 한도금액 *244쪽의 계산식
2. 30억원

④ 제1항의 경우에 배우자가 실제 상속받은 금액이 없거나 상속받은 금액이 5억원 미만이면 제2항에도 불구하고 5억원을 공제한다.

사례 1의 결론

소소한 씨의 아내와 자녀는 상속세를 내지 않아도 되지만, 나중에 소소한 씨의 아내 민해지 씨가 사망할 경우의 상속을 고려하면 민해지가 5억 원까지만 상속 받는 것이 좋습니다.

상속세 및 증여세법 제19조에 나타난 한도금액 계산식은 다음과 같습니다.

한도금액 = (A - B + C) x D - E

A	대통령령으로 정하는 상속재산의 가액
B	상속재산 중 상속인이 아닌 수유자가 유증등을 받은 재산의 가액
C	제13조제1항제1호에 따른 재산가액
D	「민법」 제1009조에 따른 배우자의 법정상속분(공동상속인 중 상속을 포기한 사람이 있는 경우에는 그 사람이 포기하지 아니한 경우의 배우자 법정상속분을 말한다)
E	제13조에 따라 상속재산에 가산한 증여재산 중 배우자가 사전증여받은 재산에 대한 제55조제1항에 따른 증여세 과세표준

배우자는 상속에 있어서도 여러 가지로 득이 됩니다. 배우자가 상속 받은 재산에 대해 일정액을 상속재산에서 공제해 주는 제도가 배우자 상속공제입니다. 배우자 상속공제액이 크기 때문에 이를 잘 활용하는 것이 상속세 절세에 있어서 매우 중요합니다.

배우자 상속공제는 다음 세가지 중에서 제일 작은 금액으로 하되 그 금액이 5억 원보다 작을 때는 5억 원으로 합니다. 적어도 5억 원은 공제해 준다는 뜻입니다.
 ① 배우자가 실제 상속 받은 재산가액
 ② 배우자의 법정상속분으로 계산한 상속재산가액 – 배우자에 대한 10년 이내 증여재산
 ③ 30억 원

먼저 소소한 씨의 경우 상속재산이 10억 원이기 때문에 일괄공제 5억 원에 최소한의 배우자 상속공제인 5억 원을 적용해 상속세가 부과되지 않습니다. 민해지 씨가 10억 원을 상속 받게 되면, 당장은 상속세가 부과되지 않지만, 민해지 씨 사망 시 자녀들 상속에 있어서 고민이 생깁니다. 자녀는 일괄공제 5억 원까지만 받을 수 있기 때문입니다. 따라서 민해지 씨는 5억 원 이하를 상속 받는 것으로 상속재산분할을 하는 것이 가장 좋은 절세 방법입니다.

사례 2의 결론

왕재무 씨의 경우, 아내 류수혜 씨가 자신의 법정상속분으로 계산한 상속가액 18억 원을 상속 받는 것이 상속세를 줄이는 데 있어서 가장 유리합니다.

왕재무 씨는 상속재산이 30억 원으로 일괄공제 5억 원을 받아도 25억 원이 남습니다. 아내 류수혜 씨의 법정상속분이 3/5이기에 18억 원이 상속재산가액입니다. 류수혜 씨가 18억 원까지 상속 받기로 협의한다면 18억 원(배우자 실제 받은 재산 가액)까지가 배우자 공제액이 됩니다. 그러면 일괄공제 5억, 배우자 상속공제 18억 원, 합계 23억 원이 공제된 7억 원이 과세표준이 됩니다.

류수혜 씨가 5억 원보다 적은 금액을 상속 받기로 협의하였다면 배우자 공제 최소액인 5억 원까지만 배우자 공제가 되어 과제표준은 20억 원이 됩니다. 배우자가 얼마를 상속 받기로 상속재산분할을 하느냐에 따라 상속세에 어머어마한 차이가 생깁니다.

상속세를 절세하기 위해서는 미리미리 계획을 짜서 준비해야 충분한 효과를 낼 수 있습니다. 사전증여도 피상속인 사망 10년 내에 한 것은 상속재산에 합산되기 때문에 그 전에 해야 상속세를 줄이는 효과가 있습니다. 또한 상속세 재원을 마련하기 위해서는 상속재산 중 일정 부분을 예금 등 금융자산으로 마련하는 것이 유리합니다. 상속재산으로 부동산만 있다면 상속세 마련을 위해 어쩔 수 없이 낮은 가격에 처분해야 하는 손해를 입을 수 있고, 상속재산을 기준시가가 아닌 처분을 통해 드러난 시세에 따라야 하는 불이익을 입을 수도 있습니다.

피상속인이 사망한 이후에 절세할 수 있는 방법은 현실적으로 상속재산분할 밖에는 없다고 해도 과언이 아닙니다. 그런데 상속세에서 배우자 공제가 차지하는 비중이 크기 때문에 배우자 몫을 잘 분배하는 것이 중요합니다. 위 사례에서 설명한 내용을 참고해서 상속세에 가장 유리한 황금비율을 찾아서 상속재산분할을 하시기 바랍니다.

증여와 상속 중에서 더 유리한 절세법은

◦ 법조문 ◦

상속세 및 증여세법 제53조(증여재산 공제)

거주자가 다음 각호의 어느 하나에 해당하는 사람으로부터 증여를 받은 경우에는 다음 각호의 구분에 따른 금액을 증여세 과세가액에서 공제한다. 이 경우 수증자를 기준으로 그 증여를 받기 전 10년 이내에 공제받은 금액과 해당 증여가액에서 공제 받을 금액을 합친 금액이 다음 각호의 구분에 따른 금액을 초과하는 경우에는 그 초과하는 부분은 공제하지 아니한다.

1. 배우자로부터 증여를 받은 경우: 6억 원
2. 직계존속[수증자의 직계존속과 혼인(사실혼은 제외한다. 이하 이 조에서 같다) 중인 배우자를 포함한다]으로부터 증여를 받은 경우: 5천만 원. 다만, 미성년자가 직계존속으로부터 증여를 받은 경우에는 2천만 원으로 한다.
3. 직계비속(수증자와 혼인 중인 배우자의 직계비속을 포함한다)으로부터 증여를 받은 경우: 5천만 원
4. 제2호 및 제3호의 경우 외에 6촌 이내의 혈족, 4촌 이내의 인척으로부터 증여를 받은 경우: 1천만 원

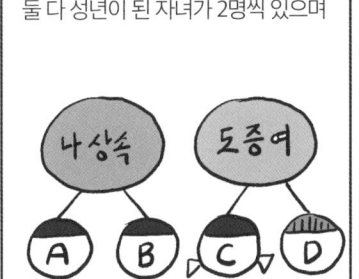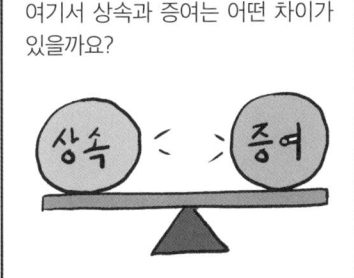

> ## ⚖️ 결론
>
> 나상속 씨의 두 자녀는 합계 8,245,000원의 상속세를 내면 됩니다. 반면 도증여 씨의 두 자녀는 각 38,800,000원, 합계 77,600,000원의 증여세를 내야 합니다. 세금에 있어서는 상속을 택하여 상속세를 내는 나상속 씨의 선택이 더 현명하다고 볼 수 있습니다.

증여는 재산을 무상으로 이전하는 계약을 말합니다. 예를 들어 아버지가 자기 소유의 토지를 아들에게 무상으로 이전하기로 합의하는 것이죠. 증여는 계약이기 때문에 두 사람 사이에 합의가 있어야 합니다.

상속은 피상속인이 사망하면 그가 소유하던 모든 재산이 상속인에게 승계되는 것을 말합니다. 여기에서 재산은 플러스 재산뿐만 아니라 마이너스 재산도 포함됩니다. 즉 채무도 상속됩니다. 상속은 피상속인의 사망과 함께 효력이 발생하고, 계약이 아니기 때문에 피상속인과 상속인과의 합의는 불필요합니다.

증여와 구별해야 하는 개념으로 유언이 있습니다. 유언은 자신의 사망과 동시에 일정한 효과를 발생시키는 것을 목적으로 하는 법률행위입니다. 예를 들어, 자신이 사망하면 자기 소유 토지를 아들이 가지는 것으로 유언장을 작성하는 것입니다. 유언은 증여와 달리 계약이 아니고, 유언하는 사람 단독으로 정합니다.

증여와 상속은 세금에서 많은 차이가 납니다. 사례에서 나상속 씨는 상속을, 도증여 씨는 자녀들에게 3억 원을 증여하였습니다.

먼저 나상속 씨의 자녀들이 내야 하는 상속세는 6억 원의 상속재산에서 장례비용 중 1,500만원까지는 공제되어 상속세 과세가액은 585,000,000원입니다.

여기에 기초공제, 인적공제, 물적공제 등의 상속공제를 할 수 있는데 사례에서 문제가 되는 것은 인적공제입니다. 최소 5억 원까지 일괄공제가 되고 배우자가 살아 있는 경우 추가로 5억 원이 공제됩니다. 사례에서 나상속 씨의 아내는 먼저 사망했기 때문에 인적공제(일괄공제) 5억 원이 적용됩니다. 따라서 과제표준은 85,000,000원이 됩니다.

상속세는 증여세와 마찬가지로 다음과 같은 누진세율이 적용됩니다.

과세표준	산출세액
1억 원 이하	과세표준의 10%
1억 원 초과 5억 원 이하	1천만 원 + 1억 원 초과액의 20%
5억 원 초과 10억 원 이하	9천만 원 + 5억 원 초과액의 30%
10억 원 초과 30억 원 이하	2억 4천만 원 + 10억 원 초과액의 40%
30억 원 초과	10억 4천만 원 + 30억 원 초과액의 50%

따라서 과제표준 85,000,000원에 대한 산출세액은 850만 원이 됩니다.

상속 받은 날이 속하는 달의 말일부터 6개월이 되는 날까지 상속세를 자진해서 신고하는 경우 산출세액의 3%를 신고세액공제 받습니다. 따라서 나상속 씨의 두 자녀는 기간 내에 신고를 하면 255,000원의 신고세액 공제를 받습니다.

최종적으로 나상속 씨의 두 자녀 A, B는 도합 8,245,000원을 상속세로 납부하면 됩니다.

다음으로 도증여 씨의 두 자녀가 내야 하는 증여세는 다음과 같습니다.

자녀가 부모로부터 증여를 받는 경우 5천만 원을 일괄적으로 공제합니다. 이를 증여재산공제라고 합니다. 도증여 씨의 두 자녀 C, D는 5천만 원씩을 공제받고 각 2억 5천만 원이 과제표준이 됩니다.

증여세의 누진세율은 상속세와 같습니다. 따라서 도증여 씨의 두 자녀에 대한 산출세액은 각 4천만 원이 됩니다.

증여 받은 날이 속하는 달의 말일부터 3개월이 되는 날까지 증여세를 자진해서 신고하는 경우 산출세액의 3%를 신고세액공제 받습니다. 따라서 도증여 씨의 두 자녀는 기간 내에 신고를 하면 각 120만 원씩 공제를 받아 각 38,800,000원씩 증여세를 납부하게 됩니다.

증여와 상속에 있어서 공제금액의 차이가 이렇게 큰 격차를 벌리니 물려주는 재산의 규모에 따라 무엇이 더 유리한지는 현명하게 결정해야 합니다. 몇 억 원 정도라면 보통은 상속이 유리합니다.

상속 누진세율이 어마어마하다는데요

○ 법조문 ○

상속세 및 증여세법 제56조(증여세 세율)

증여세는 제55조에 따른 과세표준에 제26조에 규정된 세율을 적용하여 계산한 금액(이하 "증여세산출세액"이라 한다)으로 한다.

〈사례 1〉 누진상속세율
세 사람의 가족관계는 동일하며 다음과 같이 재산을 보유하고 있습니다.

위 세 사람이 사망할 경우 자녀들은 상속세를 얼마씩 내야 할까요?

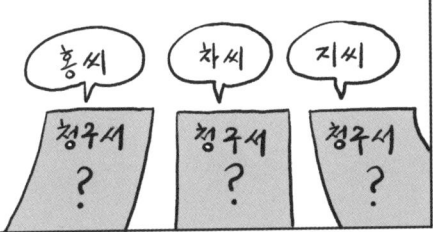

상속가액대비 납부하는 상속세 비율은 동일할까요? 아니면 상대적으로 차이가 있을까요?

〈사례 2〉 누진증여세율
부만금 씨는 16억의 재산을 갖고 있습니다.

그는 생전에 법이 정한 테두리 안에서 유언장을 작성하고 사망 후 상속을 하기로 결정합니다.

그러나 그가 살아 있는 몇 년이 지난 시점에 부동산과 주식이 상승하여 재산이 두 배가 되었기에 상속세 걱정을 하게 됩니다.

이 경우, 누진상속세율을 피하기 위해 사전증여를 하는 것이 과연 효과적일까요?

> ⚖️ **사례 1 결론**
>
> 상속세로 ① 홍일원 씨의 자녀들은 84,390,000원, ② 차이원 씨의 자녀들은 808,980,000원, ③ 지삼원 씨의 자녀들은 4,154,025,000원을 납부해야 합니다. 상속가액 대비 납부하는 상속세의 비율이 ①의 자녀는 8.4%, ②의 자녀는 27%, ③의 자녀는 41.5%입니다.

최근 기업인의 사망으로 유족들이 엄청난 상속세를 부담해야 하는 현실이 화제가 되면서 새삼 일반인들까지 상속세에 관심을 보이고 있습니다.

상속금액이 많을수록 어마어마한 상속세가 부과되기 때문에 미리미리 합법적인 절세 방법을 찾아야 할 것으로 생각합니다.

먼저 사례 1을 살펴보면 홍일원, 차이원, 지삼원 씨가 사망할 경우, 그 자녀들이 납부할 상속세를 계산해보면 아래와 같습니다.

상속재산에서 장례비용 1,500만까지 공제 받는 것은 동일합니다. 따라서 상속재산에서 장례비용을 공제한 상속세 과세가액이

① 홍일원 985,000,000원, ② 차이원 2,985,000,000원, ③ 지삼원 9,985,000,000원이 됩니다.

배우자들이 이미 사망하였기에 배우자 공제는 못 받고 일괄 공제 5억 원씩을 받을 수 있습니다. 상속세 과세가액에서 일괄 공제 5억 원씩을 공제한 금액이 과세표준액이 되는데, ① 홍일원 485,000,000원, ② 차이원 2,485,000,000원, ③ 지삼원 9,485,000,000원입니다.

상속세의 경우 다음과 같은 누진세율이 적용됩니다.

과세표준	산출세액
1억 원 이하	과세표준의 10%
1억 원 초과 5억 원 이하	1천만 원 + 1억 원 초과액의 20%
5억 원 초과 10억 원 이하	9천만 원 + 5억 원 초과액의 30%
10억 원 초과 30억 원 이하	2억 4천만 원 + 10억 원 초과액의 40%
30억 원 초과	10억 4천만 원 + 30억 원 초과액의 50%

위 누진세율에 따라 산출세액을 계산해봅시다.

① 홍일원 87,000,000원

    (1천만 원 + 1억 원 초과액의 20%인 77,000,000)

② 차이원 834,000,000원

    (2억 4천만 원 + 10억 원 초과액의 40%인 594,000,000원)

③ 지삼원 4,282,500,000원

    (10억 4천만 원 + 30억 원 초과액의 50%인 3,242,500,000원)

상속 받은 날이 속하는 달의 말일부터 6개월이 되는 날까지 상속세를 자진해서 신고하는 경우 산출세액의 3%를 신고세액공제 받습니다. 따라서 신고세액공제를 받은 최종 납부 상속세는 ① 홍일원 84,390,000원, ② 차이원 808,980,000원, ③ 지삼원 4,154,025,000원이 됩니다.

상속가액 대비 납부하는 상속세의 비율이 홍일원 씨의 자녀는 8.4%, 차이원의 자녀는 37%, 지삼원의 자녀는 41.5%입니다.

이렇게 상속가액 대비 상속세의 비율이 높아지는 이유는 누진세율이 적용되기 때문입니다. 상속세에 누진세율을 적용하는 이유는 부의 대물림을 억제하고 소득 재분배를 통해 빈부격차를 완화하기 위해서 입니다.

우리나라의 경우 과세표준이 30억 원을 초과하는 경우 50%의 세율이 적용되는데 세계에서 가장 높은 수준입니다. 또한 주식의 경우 최대주주 할증제도가 있어서 최대주주의 주식에 대해서는 일정 비율만큼 가산하여 가치를 계산하도록 되어 있습니다. 이로 인해 삼성그룹의 고 이건희 회장의 상장주식 시가는 약 18조 원인데, 최대주주 할증까지 한 다음 상속세를 계산하면 11조 원이 넘는 것으로 드러났습니다.

삼성가 상속세 문제로 한국의 상속세율이 너무 높은 것이 아니냐는 논란이 뜨겁습니다. 상속세에 소득재분배라는 순기능이 있는 것은 사실이지만, 이미 소득세를 납부하고 형성한 재산에 다시 상속세를 부과하는 것이 이중과세라는 비판이 있고, 50~60%에 가까운 최고 세율로 인해 경영권 방어가 어려워 창업 후 100년 이상 존속하는 장수기업이 설 자리가 없다는 비판도 있습니다. 삼성가 상속 문제를 계기로 향후 상속제도가 보다 합리적으로 개정되길 바랍니다.

> ⚖️ **사례 2 결론**
>
> ① 16억 원 상속의 경우 2억 8천만 원, ② 32억 원 상속의 경우 9억 2천만 원의 상속세가 부과됩니다.
>
> 만약 16억 원을 사망 10년 전에 증여하고, 16억 원을 상속하는 경우 부만금 씨의 자녀들은 증여세로 3억 3천만 원, 상속세로 2억 8천만 원, 합계 6억 1천만 원을 세금으로 내게 됩니다. 상속재산의 규모가 큰 경우 사전증여를 활용하는 것이 절세에 도움이 됩니다.

부만금 씨의 재산이 16억 원인 경우와 32억 원인 경우의 상속세를 계산해보면 다음과 같습니다. 계산의 편의를 위해 장례비 공제는 없는 것으로 하겠습니다.

배우자가 이미 사망하였기 때문에 배우자 공제는 못 받고 일괄공제 5억 원을 받을 수 있습니다. 상속세 과세가액에서 일괄공제 5억 원을 공제한 금액이 과세표준액이 되는데, ① 상속재산이 16억 원인 경우는 11억 원, ② 상속재산이 32억 원인 경우는 27억 원이 각 과세표준액이 됩니다.

상속세 누진세율에 따라 산출세액을 계산해봅시다.

과세표준	산출세액
1억 원 이하	과세표준의 10%
1억 원 초과 5억 원 이하	1천만 원 + 1억 원 초과액의 20%
5억 원 초과 10억 원 이하	9천만 원 + 5억 원 초과액의 30%
10억 원 초과 30억 원 이하	2억 4천만 원 + 10억 원 초과액의 40%
30억 원 초과	10억 4천만 원 + 30억 원 초과액의 50%

위 누진세율에 따라 산출세액을 계산해 보면

① 16억 원 상속의 경우 2억 8천만 원
② 32억 원 상속의 경우 9억 2천만 원

부만금 씨가 32억 원 재산 중 반인 16억 원을 자녀들에게 사망 10년 전에 증여(아들, 딸에게 각 8억 원씩 증여)하고, 16억 원만 남기고 사망한 경우의 세금을 살펴보겠습니다.

16억 원에 대한 상속세는 위에서 살펴본 것처럼 2억 8천만 원입니다.

증여세는 자녀가 부모에게 증여 받은 경우 5천만 원을 일괄적으로 공제(증여재산공제)해 부만금 씨의 두 자녀는 5천만 원씩을 공제받고 각 7억 5천만 원이 과세표준이 됩니다.

증여세 역시 상속세와 같은 누진세율이 적용됩니다.

따라서 부만금 씨의 두 자녀에 대한 산출세액은 각 1억 6,500만 원(9천만 원 + 2억 5천만 원의 20%인 75,000,000원)으로 합계 330,000,000원입니다.

결국 부만금 씨의 자녀들은 증여세로 3억 3천만 원, 상속세로 2억 8천만 원, 합계 6억 1천만 원을 세금으로 내게 됩니다.

부만금 씨의 재산이 32억 원인 경우 상속보다 일부를 사전증여 하는 것이 더 유리함을 알 수 있습니다. 그 이유는 증여를 통해서 낮은 누진세율을 적용 받았기 때문입니다.

증여세는 증여 받은 재산을 수증자(증여를 받는 대상자)별로 각각 과세합니다. 수증자별로 나누어 증여하면 누진세율을 낮게 적용 받는 장점이 있습니다. 상속세는 상속 받은 재산 전체에 대하여 세금을 정한 후 각 상속인의 상속지분에 따라 세액을 안분하는 방식입니다. 상속세는 상속인이 1명이든 여러 명이든 관계없이 일단 상속재산 전체에 대해 세금을 부과합니다. 이렇게 상속재산 전체에 세금을 정하는 방식을 유산과세형이라고 하는데, 이

것이 증여세와 가장 큰 차이점입니다.

결국 자신의 재산 규모, 건강 상태 등을 고려한 후 상속을 할지 증여를 할지를 합리적으로 결정해야 합니다. 자산이 많은 경우 10년 단위로 미리 사전증여를 하는 것이 세금에 있어서는 더욱 유리합니다.

증여에서 유언까지
변호사가 52가지 사례로 알려주는

만화 상속은 처음입니다

초판 1쇄 발행 2021년 3월 17일
초판 2쇄 발행 2023년 4월 14일

글 강병훈
그림 도영태
펴낸이 이범상
펴낸곳 (주)비전비엔피 · 비전코리아

기획 편집 이경원 차재호 김승희 김연희 고연경 박성아 김태은 박승연 박다정
디자인 최원영 한우리 이설
마케팅 이성호 이병준
전자책 김성화 김희정
관리 이다정

주소 우)04034 서울특별시 마포구 잔다리로7길 12 (서교동)
전화 02) 338-2411 | **팩스** 02) 338-2413
홈페이지 www.visionbp.co.kr
이메일 visioncorea@naver.com
원고투고 editor@visionbp.co.kr
인스타그램 www.instagram.com/visioncorea
포스트 post.naver.com/visioncorea

등록번호 제313-2005-224호

ISBN 978-89-6322-180-9 13320

· 값은 뒤표지에 있습니다.
· 잘못된 책은 구입하신 서점에서 바꿔드립니다.

도서에 대한 소식과 콘텐츠를
받아보고 싶으신가요?